TREASURY OF CLASSIC

RUSSIAN LOVE

SHORT STORIES
BY ANTON CHEKHOV

in Russian and English

EDITED BY LUNA HAN

Hippocrene Books
New York

TREASURY OF CLASSIC
RUSSIAN LOVE
SHORT STORIES

Copyright© 1998 Hippocrene Books.

For information, address:
HIPPOCRENE BOOKS, INC.
171 Madison Avenue
New York, NY 10016

Library of Congress Cataloging-in-Publication Data

ISBN 0-7818-0601-1

Printed in the United States of America.

CONTENTS
СОДЕРЖАНИЕ

Поцелуй

20-го мая, в 8 часов вечера, все шесть батарей Н-ой резервной артиллерийской бригады, направлявшейся в лагерь, остановились на ночевку в селе Местечках. В самый разгар суматохи, когда одни офицеры хлопотали около пушек, а другие, съехавшись на площади около перковной ограды, выслуши-вали квартирьеров, из-за церкви показался верховой в штатском платье и на странной лошади. Лошадь буланая и маленькая, с красивой шеей и с коротким хвостом, шла не прямо, а как-то боком и выделывала ногами маленькие, плясовые движения, как будто ее били хлыстом по ногам. Подъехав к офицерам, верховой приподнял шляпу и сказал:

—Его превосходительство генерал-лейтенант фон Раббек, здешний помещик, приглашает господ офицеров пожаловать к нему сию минуту на чай....

THE KISS

On the evening of the twentieth of May, at eight o'clock, all six batteries of the N— Artillery Brigade on their way to camp arrived at the village of Miestetchki with the intention of spending the night.

The confusion was at its worst—some officers fussed about the guns, others in the church square arranged with the quarter-master—when from behind the church rode a civilian upon a most remarkable mount. The small, short-tailed bay with well-shaped neck progressed with a wobbly motion, all the time making dance-like movements with its legs as if someone were switching its hoofs. When he had drawn rein level with the officers the rider doffed his cap and said ceremoniously—

Лошадь поклонивалась, затанцевала и попятивалась боком назад; верховой еще раз приподнял шляпу и через мгновение вместе со своею странною лошадью исчез за церковью.

—Чёрт знает что такое!—ворчали некоторые офицеры, расходясь по квартирам.—Спать хочется, а тут этот фон Раббек со своим чаем! Знаем, какой тут чай!

Офицерам всех шести батарей живо припомнился прошлогодний случай, когда во время маневров они, и с ними офицеры одного казачьего полка, таким же вот образом были приглашены на чай одним помещиком-графом, отставным военным; гостеприимный и радушный граф обласкал их, накормил, напоил и не пустил в деревню на квартиры, а оставил ночевать у себя. Всё это, конечно, хорошо, лучшего и не нужно, но беда в том, что отставной военный обрадовался молодежи не в меру. Он до самой зари рассказывал офицерам эпизоды из своего хорошего прошлого, водил их по комнатам, показывал дорогие картины, старые гравюры, редкое оружие, читал подлинные письма высокопоставленных людей, а измученные, утомленные офицеры слушали, глядели и, тоскуя по постелям, осторожно

"His Excellency, General von Rabbek, whose house is close by, requests the honor of the officers' company at tea...."

The horse shook its head, danced, and wobbled to the rear; its rider again took off his cap, and, turning his strange steed, disappeared behind the church.

"The devil take it!" was the general exclamation as the officers dispersed to their quarters. "We can hardly keep our eyes open, yet along comes this von Rabbek with his tea! I know that tea!"

The officers of the six batteries had lively memories of a past invitation. During recent maneuvers they had been asked, together with their Cossack comrades, to tea at the house of a local country gentleman, an officer in retirement, by title a Count; and this hearty, hospitable Count overwhelmed them with attentions, fed them to satiety, poured vodka down their throats, and made them stay the night. All this, of course, they enjoyed. The trouble was that the old soldier entertained his guests too well. He kept them up till daybreak while he poured forth tales of past adventures; he dragged them from room to room to point out valuable paintings, old

зевали в рукава; когда наконец хозяин отпустил их, спать было уже поздно.

Не таков ли и этот фон Раббек? Таков ли не таков, но делать было нечего. Офицеры приоделись, почистились и гурьбою пошли искать помещичий дом. На площади, около церкви, им сказали, что к господам можно пройти низом—за церковью спуститься к реке и идти берегом до самого сада, а там аллеи доведут куда нужно, или же верхом—прямо от церкви по дороге, которая в полуверсте от деревни упирается в господские амбары. Офицеры решили идти верхом.

—Какой же это фон Раббек?—рассуждали они дорогой.—Не тот ли, что под Плевной командовал П-й кавалерийской дивизией?

—Нет, тот не фон Раббек, а просто Раббе, и без фон.

—А какая хорошоя погода!

У первого господского амбара дорога раздваивалась: одна ветвь шла прямо и исчезала в вечерней мгле, другая—вела вправо к господскому дому. Офицеры повернули вправо и стали готовить тише.... По обе стороны дороги тянулись каменные амбары с красными крышами, тяжелые и суровые, очень похожие на

engravings, and rare arms; he read them holograph letters from celebrated men. And the weary officers, bored to death, listened, gaped, yearned for their beds, and yawned cautiously in their sleeves, until at last when their host released them it was too late for sleep.

Was von Rabbek another old Count? It might easily be. But there was no neglecting his invitation. The officers washed and dressed, and set out for von Rabbek's house. At the church square they learned that they must descend the hill to the river, and follow the bank till they reached the general's gardens when they would find a path directly to the house. Or, if they chose to go up hill, they would reach the general's barns half a verst from Miestetchki. It was this route they chose.

"But who is this von Rabbek?" asked one. "The man who commanded the N— Cavalry Division at Plevna?"

"No, that was not von Rabbek, but simply Rabbek—without the von."

"What glorious weather!"

At the first barn they came to, two roads diverged; one ran straight forward and faded

казармы уездного города.   Впереди светились
окна господского дома.

—Господа, хорошая примета!—сказал кто-то
из офицеров.—Наш сеттер идет впереди всех;
значит, чует, что будет добыча!...

Шедший впереди всех поручик Лобытко,
высокий и плотный, но совсем безусый (ему
было более 25 лет, но на его круглом, сытом
лице почему-то еще не показывалась расти-
тельность), славившийся в бригаде своим
чутьем и уменьем угадывать на расстоянии
присутствие женщин, обернулся и сказал:

—Да, здесь женщины должны быть. Это я
инстинктом чувствую.

У порога дома офицеров встретил сам фон
Раббек, благообразный старик лет шестидесяти,
одетый в штатское платье.   Пожимая гостям
руки, он сказал, что он очень рад и счастлив, но
убедительно, ради бога, просит господ офи-
церов извинить его за то, что он не пригласил
их к себе ночевать; к нему приехали две сестры
с детьми, братья и соседи, так что у него не
осталось ни одной свободной комнаты.

Генерал   пожимал   всем   руки,   просил
извинения и улыбался, но по лицу его видно
было, что он был далеко не так рад гостям, как
прошлогодний   граф,   и   что   пригласил   он

in the dusk; the other turning to the right led
to the general's house. As the officers drew
near they talked less loudly. To the right and
left stretched rows of red-roofed brick barns,
in aspect heavy and morose as the barracks of
provincial towns. In front gleamed the lighted
windows of von Rabbek's house.

"A good omen, gentlemen!" cried a young
officer. "Our setter runs in advance. There is
game ahead!"

On the face of Lieutenant Lobitko, the tall
stout officer referred to, there was not one
trace of hair though he was twenty-five years
old. he was famed among comrades for the
instinct which told him of the presence of
women in the neighborhood. On hearing his
comrade's remark, he turned his head and
said—

"Yes. There are women there. My instinct
tells me."

A handsome, well-preserved man of sixty,
in mufti, came to the hall door to greet his
guests. It was von Rabbek. As he pressed
their hands, he explained that though he was
delighted to see them, he must beg pardon for
not asking them to spend the night; he already
had as guests his two sisters, their children,

офицеров только потому, что этого, по его мнению, требовало приличие. И сами офицеры, идя вверх по мягкой лестнице и слушая его, чувствовали, что они приглашены в этот дом только потому, что было бы неловко не пригласить их, и при виде лакеев, которые спешили зажигать огни внизу у входа и наверху в передней, им стало казаться, что они внесли с собою в этот дом беспокойство и тревогу. Там, где, вероятно, ради какого-нибудь семейного торжества или события съехались две сестры с детьми, братья и соседи, может ли понравиться присутствие девятнадцати незнакомых офицеров?

Наверху, у входа в залу, гости были встречены высокой и стройной старухой с длинным чернобровым лицом, очень похожей на императрицу Евгению. Приветливо и величественно улыбаясь, она говорила, что рада и счастлива видеть у себя гостей, и извинялась, что она и муж лишены на этот раз возможности пригласить гг. офицеров к себе ночевать. По ее красивой, величественной улыбке, которая мгновенно исчезала с лица всякий раз, когда она отворачивалась за чем-нибудь от гостей, видно было, что на своем веку она видела много гг. офицеров, что ей теперь не

his brother, and several neighbors—in fact, he had not one spare room. And though he shook their hands, apologized, and smiled, it was plain that he was not half as glad to see them as was last year's Count, and that he had invited them merely because good manners demanded it. The officers climbing the soft-carpeted steps listening to their host under-stood this perfectly well and realized that they carried into the house an atmosphere of intrusion and alarm. Would any man—they asked themselves—who had gathered his two sisters and their children, his brother and his neighbors, to celebrate some family festival no doubt, find pleasure in the invasion of nineteen officers whom he had never seen before?

A tall elderly lady with a good figure and long face with black eyebrows, who resembled closely the ex-Empress Eugenie, greeted them at the drawing-room door. Smiling courteously and with dignity, she affirmed that she was delighted to see the officers, and only regretted that she could not ask them to stay the night. But the courteous, dignified smile disappeared when she turned away, and it was quite plain that she had seen many

до них, а если она пригласила их к себе в дом и извиняется, то только потому, что этого требуют ее воспитание и положение в свете.

В большой столовой, куда вошли офицеры, на одном краю длинного стола сидело за чаем с десяток мужчин и дам, пожилых и молодых. За их стульями, окутанная легким сигарным дымом, темнела группа мужчин; среди нее стоял какой-то худощавый молодой человек с рыжими бачками, картавя, о чем-то громко говорил по-английски. Из-за группы, сквозь дверь, видна была светлая комната с голубою мебелью.

—Господа, вас так много, что представлять нет никакой возможности!—сказал громко генерал, стараясь казаться очень веселым.— Знакомьтесь, господа, сами попросту!

Офицеры—одни с очень серьезными и даже строгими лицами, другие натянуто улыбаясь и все вместе чувствуя себя очень неловко, кое-как раскланялись и сели за чай.

Больше всех чувствовал себя неловко штабс-капитан Рябович, маленькой, сутуловатый офицер, в очках и с бакенами, как у рыси. В то время как одни из его товарищей делали серьезные лица, а другие натянуто улыбались, его лицо, рысьи бакены и очки как бы

officers in her day, that they caused not the slightest interest, and that she had invited them merely because an invitation was dictated by good breeding and by her position in the world.

In a big dining-room seated at a big table sat ten men and women drinking tea. Behind them veiled in cigar-smoke stood several young men, among them one red-whiskered and extremely thin, who spoke English loudly with a lisp. Through an open door the officers saw into a brightly lit room with blue wall-paper.

"You are too many to introduce singly, gentlemen!" said the general loudly, with affected joviality. "Make one another's acquaintance, please—without formalities!"

The visitors, some with serious, even severe faces, some smiling constrainedly, all with a feeling of awkwardness, bowed and took their seats at the table. Most awkward of all felt Staff Captain Riabovitch, a short, round-shouldered, spectacled officer, whiskered like a lynx. While his brother officers looked serious or smiled constrainedly, his face, lynx whiskers, and spectacles seemed to explain: undistinguished officer in the whole brigade."

говорили: «Я самый робкий, самый скромный и самый бесцветный офицер во всей бригаде!» На первых порах, входя в столовую и потом сидя за чаем, он никак не мог остановить своего внимания на каком-нибудь одном лице или предмете. Лица, платья, граненые графинчики с коньяком, пар от стаканов, лепные карнизы— всё это сливалось в одно общее, громадное впечатление, вселявшее в Рябовича тревогу и желание спрятать свою голову. Подобно чтецу, впервые выступающему перед публикой, он видел всё, что было у него перед глазами, но видимое как-то плохо понималось (у физиологов такое состояние, когда субъект видит, но не понимает, называется «психической слепотой»). Немного же погодя, освоившись, Рябовиы прозрел и стал наблюдать. Ему, как человеку робкому и необщественному, прежде всего бросилось в глаза то, чего у него никогда знакомых. Фон Раббек, его жена, две пожилые дамы, какая-то барышня в сиреневом платье и молодой человек с рыжими бачками, оказавшийся младшим сыном Раббека, очень хитро, точно у них ранее была репетиция, разместились среди офицеров и тотчас же подняли горячий спор, в который не могли не вме-

"I am the most timid, modest, For some time after he took his seat at the table he could not fix his attention on any one thing. Faces, dresses, the cut-glass cognac bottles, the steaming tumblers, the molded cornices—all merged in a single, overwhelming sentiment which caused him intense fright and made him wish to hide his head. Like an inexperienced lecturer he saw everything before him, but could distinguish nothing, and was in fact the victim of what men of science diagnose as "psychic blindness."

But, slowly conquering his diffidence, Riabovitch began to distinguish and observe. As becomes a man both timid and unsociable, he remarked first of all upon the amazing temerity of his new friends. Von Rabbek, his wife, two elderly ladies, a girl in lilac, and the red-whiskered youth who, it appeared, was a young von Rabbek, sat down among the officers as unconcernedly as if they had held rehearsals, and at once plunged into various heated arguments in which they soon involved their guests. That artillerists have a much better time than cavalrymen or infantrymen was proved conclusively by the lilac girl, while von Rabbek and the elderly ladies affirmed the

шаться гости. Сиреневая барышня стала горячо доказывать, что артиллеристам живется гораздо легче, чем кавалерии и пехоте, а Раббек и пожилые дамы утверждали противное. Начал-ся перекрестный разговор. Рябович глядел на сиреневую барышню, которая очень горячо спорила о том, что было для нее чуждо и вовсе не интересно, и следил, как на ее лице появлялись и исчезали неискренние улыбки.

Фон Раббек и его семья искусно втягивали офицеров в спор, а сами между тем зорко следили за их стаканами и ртами, все ли они пьют, у всех ли сладко и отчего такой-то не ест бисквитов или не пьет коньяку. И чем больше Рябович глядел и слушал, тем больше нравилась ему эта неискренняя, но прекрасно дисципли-нированная семья.

После чая офицеры пошли в зал. Чутье не обмануло поручика Лобытко: в зале было много барышень и молодых дам. Сеттер-поручик уже стоял около одной очень молоденькой блон-динки в черном платье и ухарски изогнувшись, точно опираясь на невидимую саблю, улыбался и кокетливо играл плечами. Он говорил, веро-ятно, какой-нибудь очень неинтересный вздор, потому что блондинки в черном платье и, ухар-ски изогнувшись, точно опираясь на невиди-

converse. The conversation became desultory. Riabovitch listened to the lilac girl fiercely debating themes she knew nothing about and took no interest in, and watched the insincere smiles which appeared on and disappeared from her face.

While the von Rabbek family with amazing strategy inveigled their guests into the dispute, they kept their eyes on every glass and mouth. Had everyone tea, was it sweet enough, why didn't one eat biscuits, was another fond of cognac? And the longer Riabovitch listened and looked, the more pleased he was with this disingenuous, disciplined family.

After tea the guests retired to the drawing-room. Instinct had not cheated Lobitko. The room was packed with young women and girls, and ere a minute had passed when the setter-lieutenant stood beside a very young, fair-haired girl in black, and, bending down as if resting on an invisible sword, shrugged his shoulders coquettishly. He was uttering, no doubt, most unentertaining nonsense, for the fair girl looked indulgently at his sated face, and exclaimed indifferently, "Indeed!" And this indifferent "Indeed!" might have quickly

мую саблю, улыбался и кокетливо играл плечами. Он говорил, вероятно, какой-небудь очень неинтересный вздор, потому что влондинка снисходительно глядела на его сытое лицо и равнодушно спрашивала: «Неужели?» И по этому бесстрастному «неужели» сеттер, если бы был умен, мог бы заключить, что ему едва ли крикнут «пиль!»

Загремел рояль; грустный валье из залы полетел в настежь открытые окна, и все почему-то вспоминили, что за окнами теперь весна, майский вечер. Все почувствовали, что в воздухе пахнет молодой листвой тополя, розами и сиренью. Рябович, в котором под влиянием музыки заговорил выпитый коньяк, покосился на окно, улыбнулся и стал следить за движениями женщин, и ему уже казалось, что запах роз, тополя и сирени идет не из сада, а от женских лиц и платьев.

Сын Раббека пригласил какую-то тощую девицу и сделал с нею два тура. Лобытко, скользя по паркету, подлетел к сиреневой барышне и понесся с нею по зале. Танцы начались.... Рябович стоял около двери среди нетанцующих и наблюдал. Во всю свою жизнь он ни разу не танцевал, и ни разу в жизни ему

convinced the setter that he was on a wrong scent.

Music began. As the notes of a mournful valse throbbed out of the open window, through the heads of all flashed the feeling that outside that window it was spring-time, a night of May. The air was odorous of young poplar leaves, of roses and lilacs—and the valse and the spring were sincere. Riabovitch, with valse and cognac mingling tipsily in his head, gazed at the window with a smile; then began to follow the movements of the women; and it seemed that the smell of roses, poplars, and lilacs came not from the gardens outside, but from the women's faces and dresses.

They began to dance. Young von Rabbek valsed twice round the room with a very thin girl; and Lobitko, slipping on the parquetted floor, went up to the girl in lilac, and was granted a dance. But Riabovitch stood near the door with the wall-flowers, and looked silently on. Amazed at the daring of men who in sight of a crowd could take unknown women by the waist, he tried in vain to picture himself doing the same. A time had been when he envied his comrades their courage and dash, suffered from painful heart-

не приходилось обнимать талию порядочной женщины. Ему ужасно нравилось, когда человек у всех на глазах брал незнакомую девушку за талию и подставлял ей для руки свое плечо, но вообразить себя в положении этого человека он никак не мог. Было время, когда он завидовал храбрости и прыти своих товарищей и болел душою; сознание, что он робок, сутуловат и бесцветен, что у него длинная талия и рысьи бакены, глубоко оскорбляло его, но с летами это сознание стало привычным, и теперь он, глядя на танцующих или громко говорящих, уже не завидовал, а только грустно умилялся.

Когда началась кадриль, молодой фон Раббек подошел к нетанцующим и пригласил двух офицеров сыграть на бильярде. Офицеры согласились и пошли с ним из залы. Рябович от нечего делать, желая принять хоть какое-нибудь участие в общем движении, поплелся за ними. Из залы они прошли в гостиную, потом в узкий стеклянный коридор, отсюда в комнату, где при появлении их быстро вскочили с диванов три сонные лакейские фигуры. Наконец, пройдя целый ряд комнат, молодой Раббек и офицеры вошли в небольшую комнату, где стоял бильярд. Началась игра.

searchings, and was hurt by the knowledge that he was timid, round-shouldered, and undistin-guished, that he had lynx whiskers, and that his waist was much too long. But with years he had grown reconciled to his own insigni-ficance, and now looking at the dancers and loud talkers, he felt no envy, but only mourn-ful emotions.

At the first quadrille the junior von Rabbek approached and invited two non-dancing officers to a game of billiards. The three left the room and Riabovitch, who stood idle and felt impelled to join in the general movement, followed. They passed the dining-room, traversed a narrow glazed corridor and a room where three sleepy footmen jumped from a sofa with a start, and after walking, it seemed through a whole houseful of rooms, entered a small billiard room.

Von Rabbek and the two officers began their game. Riabovitch, whose only game was cards, stood near the table and looked indifferently on as the players, with unbuttoned coats, wielded their cues, moved about, joked, and shouted obscure technical terms. Riabovitch was ignored, save when one of the

Рябович, никогда не игравший ни во что, кроме карт, стоял возле бильярда и равнодушно глядел на игроков, а они, в расстегнутых сюрту-ках, с киями в руках, шагали, калам-бурили и выкрикивали непонятные слова. Игроки не замечали его, и только изредка кто-нибудь из них, толкнув его локтем или зацепив нечаянно кием, оборачивался и говорил: «Pardon!» Первая партия еще пе кончилась, а уж он соскучился, и ему стало казаться, что он лишний и мешает.... Его потянуло обратно в залу, и он вышел.

На обратном пути ему пришлось пережить маленькое приключение. На полдороге он заметил, что идет не туда, куда нужно. Он отлично помнил, что на пути ему должны встретиться три сонные лакейские фигуры, но прошел он пять-шесть комнат, эти фигуры точно сквозь землю провалились. Заметив свою ошибку, он прошел немного назад, взял вправо и очутился в полутемном кабинете, какого не видал, когда шел в бильярдную; постояв здесь полминуты, он нерешительно отворил первую попавшуюся ему на глаза дверь и вошел в совершенно темную комнату. Прямо видна была дверная щель, в которую бил яркий свет;

players jostled him or caught his cue, and turning towards him said briefly, "Pardon!", so that before the game was over he was thoroughly bored and, impressed by a sense of his superfluity, resolved to return to the drawing-room, and turned away.

It was on the way back that his adventure took place. Before he had gone far he saw that he had missed his way. He remembered distinctly the room with the three sleepy footmen, and after passing through five or six rooms entirely vacant, he saw his mistake. Retracing his steps, he turned to the left and found himself in an almost dark room which he had not seen before; after hesitating a minute, he boldly opened the first door he saw, and found himself in complete darkness. Through a chink of the door in front peered a bright light; from afar throbbed the dulled music of a mournful mazurka. Here, as in the drawing-room, the windows were open wide and the smell of the poplars, lilacs, and roses flooded the air.

Riabovitch paused in irresolution. For a moment all was still. Then came the sound of hasty footsteps; without any warning of what was to come a dress rustled, a woman's

из-за двери доносились глухие звуки грустной мазурки. Тут так же, как и в зале, окна были открыты настежь и пахло тополем, сиренью и розами....

Рябович остановился в раздумье.... В это время неожиданно для него послышались торопливые шаги и шуршанье платья, женский задыхающийся голос прошептал: «наконец-то!» и две мягкие, похучие, несомненно женские руки охватили его шею; к его щеке прижалась теплая щека и одновременно раздался звук поцелуя. Но тотчас же целовавшая слегка вскрикнула и, как показалось Рябовичу, с отвращением отскочила от него. Он тоже едва не вскрикнул и бросился к яркой дверной щели....

Когда он вернулся в залу, сердце его билось и руки дрожали так заметно, что он поторопился спрятать их за спину. На первых порах его мучили стыд и страх, что весь зал знает о том, что его сейчас обнимала и целовала женщина, он ежился и беспокойно оглядывался по сторонам, но, убедившись, что в зале по-прежнему преспокойно пляшут и болтают, он весь предался новому, до сих пор ни разу в жизни не испытанному ощущению. С ним делалось что-то странное.... Его шея, которую

breathless voice whispered "At last!", and two soft, scented, unmistakably womanly arms met round his neck, a warm cheek impinged on his, and he received a sounding kiss. But hardly had the kiss echoed through the silence when the unknown shrieked loudly and fled away—as it seemed to Riabovitch—in disgust. Riabovitch himself nearly screamed, and rushed headlong towards the bright beam in the door-chink.

As he entered the drawing-room his heart beat violently and his hands trembled so perceptibly that he clasped them behind his back. His first emotion was shame, as if everyone in the room already knew that he had just been embraced and kissed. He retired into his shell and looked fearfully around. But finding that hosts and guests were calmly dancing or talking, he regained courage and surrendered himself to sensations experienced for the first time in life. The unprecedented had happened. His neck, fresh from the embrace of two soft, scented arms, seemed anointed with oil; near his left mustache where the kiss had fallen trembled a slight, delightful chill, as from peppermint drops, and from head to foot he was soaked in new and extraordinary

только что обхватывали мягкие пахучие руки, казалось ему, была вымазана маслом; на щеке около левого уса, куда поцеловала незнакомка, дрожал легкий, приятный холодок, как от мятных капель, и чем больше он тер это место, тем сильнее чувствовался этот холодок; весь же он от головы до пят был полон нового, странного чувства, которое всё росло и росло.... Ему захотелось плясать, говорить, бежать в сад, громко смеяться.... Он совсем забыл, что он сутуловат и бесцветен, что у него рысьи бакены и «неопределенная наружность» (так однажды была названа его наружность в дамском разговоре, который он нечаянно подслушал). Когда мимо него проходила жена Раббека, он улыбнулся ей так широко и ласково, что она остановилась и вопросительно поглядела на него.

—Ваш дом мне ужасно нравится!...сказал он, поправляя очки.

Генеральша улыбнулась и рассказала, что этот дом принадлежал еще ее отцу, потом она спросила, живы ли его родители, давно ли он на службе, отчего так тощ и проч.... Получив ответы на свои вопросы, она пошла дальше, а он после разговора с нею стал улыбаться еще ласковее и думать, что его окружают великолепнейшие люди....

sensations, which continued to grow and grow.

He felt that he must dance, talk, run into the garden, laugh unrestrainedly. He forgot altogether that he was round-shouldered, undistinguished, lynx-whiskered, that he had an "indefinite exterior" —a description from the lips of a woman he had happened to overhear. As Madame von Rabbek passed him he smiled so broadly and graciously that she came up and looked at him questioningly.

"What a charming house you have!" he said, straightening his spectacles.

And Madame von Rabbek smiled back, said that the house still belonged to her father and asked were his parents alive, how long he had been in the Army, and why he was so thin. After hearing his answers she departed. But though the conversation was over, he continued to smile benevolently, and think what charming people were his new acquaintances.

At supper Riabovitch ate and drank mechanically what was put before him, heard not a word of the conversation, and devoted all his powers to the unraveling of his

За ужином Рябович машинально ел всё, что ему предлагали, пил и, не слыша ничего, старался объяснить себе недавнее приключение.... Это приключение носило характер таинственный и романтический, но объяснить его было нетрудно. Наверное, какая-нибудь барышня или дама назначила кому-нибудь свидание в темной комнате, долго ждала и, будучи нервно возбуждена, приняла Рябовича за своего героя; это тем более вероятно, что Рябович, проходя через темную комнату, остановился в раздумье, то есть имел вид человека, который тоже чего-то ждет.... Так и объяснил себе Рябовеч полученный поцелуй.

«А кто же она?—думал он, оглядывая женские лица.—Она должна быть молода, потому что старые не ходят на свидания. Затем, что она интеллигентна, чувствовалось по шороху платья, по запаху, по голосу....»

Он остановил взгляд на сиреневой барышне, и она ему очень понравилась; у нее были красивые плечи и руки, умное лицо и прекрасный голос. Рябовичу, глядя на нее, захотелось, чтобы именно она, а не кто другая, была тою незнокомкой.... Но она как-то неискренно засмеялась и поморщила свой длинный нос, который показался ему

mysterious, romantic adventure. What was the explanation? It was plain that one of the girls, he reasoned, had arranged a meeting in the dark room and after waiting some time in vain had, in her nervous tension, mistaken Riabovitch for her hero. The mistake was likely enough, for on entering the dark room Riabovitch had stopped irresolutely as if he, too, were waiting for some one. So far the mystery was explained.

"But which of them was it?" he asked, searching the women's faces. She certainly was young, for old women do not indulge in such romances. Secondly, she was not a servant. That was proved unmistakably by the rustle of her dress, the scent, the voice....

When at first he looked at the girl in lilac she pleased him; she had pretty shoulders and arms, a clever face, a charming voice. Riabovitch piously prayed that it was she. But, smiling insincerely, she wrinkled her long nose, and that at once gave her an elderly air. So Riabovitch turned his eyes on the blonde in black. The blonde was younger, simpler, sincerer; she had charming kiss-curls and drank from her tumbler with inexpressible

старообразным; тогда он перевел взгляд на блондинку в черном платье. Эта была моложе, попроще и искреннее, имела прелестные виски и очень красиво пила из рюмки. Рябовичу теперь захотелось, чтобы она была тою. Но скоро он нашел, что ее лицо плоско, и перевел глаза на ее соседку....

«Трудно угадать,—думал он, мечтая.—Если от сиренелой взять только плечи и руки, прибавить виски блондинки, а глаза взять у этой, что сидит налево от Лобытко, то....»

Он сделал в уме сложение, и у него получился образ девушки, целовавшей его, тот образ, которого он хотел, но никак не мог найти за столом....

После ужина гости, сытые и охмелевшие, стали прощаться и благодарить. Хозяева опять начали извиняться, что не могут оставить их у себя ночвать.

—Очень, очень рад, господа!—говорил генерал, и на этот раз искренно (вероятно, оттого, что, провожая гостей, люди бывают гораздо искреннее и добрее, чем встречая).— Очень рад! Милости просим на обратном пути! Без церемонии! Куда же вы? Хотите верхом идти? Нет, идите через сад, низом—здесь ближе.

grace. Riabovitch hoped it was she—but soon he noticed that her face was flat, and bent his eyes on her neighbor.

"It is a hopeless puzzle," he reflected. "If you take the arms and shoulders of the lilac girl, add the blonde's curls, and the eyes of the girl on Lobitko's left, then—"

He composed a portrait of all these charms and had a clear vision of the girl who had kissed him. But she was nowhere to be seen.

Supper over, the visitors, sated and tipsy, bade their entertainers good-bye. But host and hostess again apologized for not asking them to spend the night.

"I am very, very glad, gentlemen!" said general, and this time seemed to speak sincerely, no doubt because speeding the parting guest is a kindlier office than welcoming him unwelcomed. "I am very glad indeed! I hope you will visit me on your way back. Without ceremony, please! Which way will you go? Up the hill? No, go down the hill and through the garden. That way is shorter."

The officers took his advice. After the noise and glaring illumination within doors, the garden seemed dark and still. Until they reached the wicket-gate all kept silent. Merry,

Офицеры вышли в сад.   После яркого света и шума в саду показалось им очень темно и тихо. До самой калитки шли они молча.   Были они полупьяны, веселы,довольны, но потемки и тишина заставили их на минуту призадуматься. Каждому из них, как Рябовичу, вероятно, пришла одни и та же мысль: настанет ли и для них когда-нибудь время, когда они, подобно Раббеку, будут иметь большой дом, семью, сад, когда и они будут иметь также возможность, хотя бы неискренно, ласкать людей, делать нх сытыми, пьяными, довольными?

Выйдя из колитки, они все сразу заговорили и без причины стали громко смеяться.   Теперь уж они шли по тропинке, которая спускалась вниз к реке и потом бежала у самой воды, огибая прибрежные кусты, промоины и вербы, нависшие над водой.   Берег и тропинка были еле видны, а другой берег весь тонул в потемках.   Кое-где на темной воде отражались звезды; они дрожоли и расплывались—и только по этому можно было догадаться, что река текла быстро.   Было тихо.   На том берегу стонали сонные кулики, а на этом, в одном из кустов, не обращая никакого внимания на толпу офицеров, громко заливался соловей.

half tipsy, and content as they were, the night's obscurity and stillness inspired pensive thoughts. Through their brains, as through Riabovitch's, sped probably the same question: "Will the time ever come when I, like von Rabbek, shall have a big house, a family, a garden, the chance of being gracious—even insincerely—to others, of making them sated, tipsy, and content?"

But once the garden lay behind them, all spoke at once, and burst into causeless laughter. The path they followed led straight to the river, and then ran beside it, winding around bushes, ravines, and overhanging willow trees. The track was barely visible; the other bank was lost entirely in gloom. Sometimes the black water reflected stars, and this was the only indication of the river's speed. From beyond it sighed a drowsy snipe and beside them in a bush, heedless of the crowd, a nightingale chanted loudly. The officers gathered in a group and swayed the bush, but the nightingale continued his song.

"I like his cheek!" they echoed admiringly. "He doesn't care a kopeck! The old rogue!"

Near their journey's end the path turned up the hill, and joined the road not far from

Офицеры постояли около куста, потрогали его, а соловей всё пел.

—Каков?—послышались одобретельные возгласы.—Мы стоим возле, а он ноль внимания! Этакая шельма!

В конце рути тропинка шла вверх и около церковной ограды впадала в дорогу. Здесь офицеры, утомленные ходьбой на гору, посидели, покурили. На другом берегу показался красный тусклый огонек, и они от нечего делать долго решали, костер ли это, огонь ли в окне, или что-нибудь другое.... Рябович тоже глядел на огонь, и ему казалось, что этот огонь улыбался и подмигивал ему с таким видом, как будто знал о поцелуе.

Придя на квартиру, Рябович поскорее разделся и лег. В одной избе с ним остановились Лобытко и поручик Мерзляков, тихий, молчаливый малый, считавшийся в своем кружке образованным офицером и всегда, где только было возможно, читавший «Вестник Европы», который возил всюду с собой. Лобытко разделся, долго ходил изгла в угол, с видом человека, Мерзляков лег, поставил у изголовья свечу и погрузился в чтение «Вестника Европы».

the church enclosure, and there the officers,
breathless from climbing, sat on the grass and
smoked. Across the river gleamed a dull red
light, and for want of a subject they argued
over whether it was a bonfire, a window light,
or something else. Riabovitch looked also at
the light, and felt that it smiled and winked at
him as if it knew about the kiss.

On reaching home he undressed without
delay and lay upon his bed. He shared the
cabin with Lobitko and a Lieutenant
Merzliakoff, a staid, silent little man by repute
highly cultivated, who took with him
everywhere *The Messenger of Europe* and read it
eternally. Lobitko undressed, tramped im-
patiently from corner to corner, and sent his
servant for beer. Merzliakoff lay down,
balanced the candle on his pillow, and hid his
head behind *The Messenger of Europe.*

"Where is she now?" muttered Riabovitch,
looking at the soot-blackened ceiling.

His neck still seemed anointed with oil,
near his mouth still trembled the speck of
peppermint chill. Through his brain twinkled
successively the shoulders and arms of the
lilac girl, the kiss-curls and honest eyes of the
girl in black, the waists, dresses, brooches.

«Кто же она?»—думал Рябович, глядя на закопченный потолок.

Шея его всё еще, козалось ему, была вымзана маслом и около рта чувствовался холодок, как от мятных капель. В воображении его мелькали плечи и руки сиреневой барышни, виски и искренние глаза блондинки в черном, талии, платья, броши. Он старался остановить свое внимание на этих образах, а они прыгали, расплывались, мигали. Когда на широком черном фоне, который видит каждый человек, закрывая глаза, совсем исчезали эти образы, он начинал слышать торопливые шаги, шорох платья, звук поцелуя и—сильная беспричинная радость овладевала им....Предаваясь этой радости, он слышал, как денщик вернулся и доложил, что пива нет. Лобытко страшно возмутился и опять зашагал.

—Ну, не идит ли?—говорил он, останавливаясь то перед Рябовичем, то перед Мерзляковым.—Каким надо быть болваном и дураком, чтобы не найти пива! А? Ну, не каналья ли?

—Конечно, здесь нельзя найти пива,—сказал Берзляков, не отрывая глаз от «Вестника Европы».

But though he tried his best to fix these vagrant images, they glimmered, winked, and dissolved; and as they faded finally into the vast black curtain which hangs before the closed eyes of all men, he began to hear hurried footsteps, the rustle of petticoats, the sound of a kiss. A strong, causeless joy possessed him. But as he surrendered himself to this joy, Lobitko's servant returned with the news that no beer was obtainable. The lieutenant resumed his impatient march up and down the room.

"The fellow's an idiot," he exclaimed, stopping first near Riabovitch and then near Merzliakoff. "Only the worst numskull and blockhead can't get beer! *Canaille!*"

"Everyone know there's no beer here," said Merzliakoff, without lifting his eyes from *The Messenger of Europe.*

"You believe that!" exclaimed Lobitko. "Lord in heaven, drop me on the moon, and in five minutes I'll find both beer and women! I will find them myself! Call me a rascal if I don't!"

He dressed slowly, silently lit a cigarette and went out.

—Да? Вы так думаете?—приставал Лобытко.—Господи боже мой, забросьте меня на луну, так я сичас же найду вам и пива и женщин! Вот пойду сейчас и найду.... Назовите меня подлецом, если не найду!

Он долго одевался и натягивал большие сапоги, потом молча выкурил попироску и пошел.

—Раббек, Граббек, Лаббек,—забормотал он, останавливаясь в сенях.—Не хочется идти одному, чёрт возьми. Рябович, не хотите ли променаж сделать? А?

Не получив ответа, он вернулся, медлено разделся и лег. Мерзляков вздохнул, сунул в сторону «Вестник Европы» и потушил свечу.

—Н-да-с...—пробормотал Лобытко, закуривая в потемках папиросу.

Рябович укрылся с головой и, свернувшись калачиком, стал собирать в воображеннн мелькающие овразы и соединять их в одно целое. Но у него не получилось. Скоро он уснул, и последней его мыслью было то, что кто-то обласкал и обрадовал его, что в его жизни совершилось что-то необыкновенное, глупое, но чрезвычайно хорошее и радостное. Эта мысль не оставляла его и во сне.

"Rabbek, Grabbek, Labbek," he muttered, stopping in the hall. "I won't go alone, devil take me!   Riabovitch, come for a walk! What?"

As he got no answer, he returned, undressed slowly, and lay down. Merzliakoff sighed, dropped *The Messenger of Europe*, and put out the light. "Well?" muttered Lobitko, puffing his cigarette in the dark.

Riabovitch pulled the bedclothes up to his chin, curled himself into a ball, and strained his imagination to join the twinkling images into one coherent whole. But the vision fled from him. He soon fell asleep and his last impression was that he had been caressed and uplifted, that into his life had crept something strange, indeed ridiculous, but uncommonly good and radiant. And this thought did not forsake him even in his dreams.

When he awoke the feelings of anointment and peppermint chill were gone. But joy, as on the night before, filled every vein. He looked entranced at the windowpanes gilded by the rising sun and listened to the noises outside. Someone spoke loudly under the very window. It was Lebedetsky, commander of his battery, who had just overtaken the

Когда он проснулся, ощущения масла на шее и мягкого холодка около губ уж не было, но радость по-вчерашнему волной ходила в груди. Он с восторгом поглядел на оконные рамы, позолоченные восходящим солнцем, и прислушался к движению, происходившему на улице. У самых окон громко разговаривали. Батарейный командир Рябовича, Лебедецкий, только что догнавший бригаду, очень громко, от непривычки говорить тихо, беседовал со своим фельдфебелем.

—А еще что?—кричал командир.

—При вчерашней перековке, ваше высокоблагородие, Голубчика заковали. Фельдшер приложил глины с уксусом. Ведут теперь в поводу стороной. А также, ваше высокоблогородие, вчерась мастеровой Артемьев напился и поручик велели посадить его на передок запасного лафета.

Фельдфебель доложил еще, что Карпив забыл новые шнуры к трубам и колья к палаткам и что гг. офицеры вчерашний вечер изволили быть в гостях у генерала фон Раббека. Среди разговора в окне показалась рыжебородая голова Лебедецкого. Он пощурил близорукие глаза на сонные физиономии офнцеров и поздоровался.

brigade. He was talking to the sergeant-major loudly, owing to lack of practice in soft speech. "And what next?" he roared.

"During yesterday's shoeing, your honor, *Golubtchik* was pricked. The *feldscher* ordered clay and vinegar. And last night, your honor, mechanic Artemieff was drunk, and the lieutenant ordered him to be put on the limber of the reserve gun carriage."

The sergeant-major added that Karpoff had forgotten the tent pegs and the new lanyards for the friction tubes, and that the officers had spent the evening at General von Rabbek's. But here at the window appeared Lebedetsky's red-bearded face. He blinked his shortsighted eyes at the drowsy men in bed, and greeted them.

"Is everything all right?"

"The saddle wheeler galled his withers with the new yoke," answered Lobitko.

The commander sighed, mused a moment, and shouted —

"I am thinking of calling on Alexandra Yegorovna. I want to see her. Good-bye! I will catch up with you before night."

Fifteen minutes later the brigade resumed its march. As he passed von Rabbek's barns

—Всё благополучно?—спросил он.

—Коренная подседельная набила себе холку,—ответил Лобытко, зевая,—новым хомутом.

Комондир вздохнул, подумал и сказал громко:

—А я еще думаю к Александре Евграфовне съездить. Надо ее проведать. Ну, прощайте. К вечеру я вас догоню.

Через четверть часа бригада тронулась в путь. Когда она двигалась по дороге мимо господских амбаров, Рябович поглядел вправо на дом. Окна быи закрыты жалюзи. Очевидно, в доме все еще спали. Спала и та, которая вчера целовала Рябовича. Он захотел вообразить ее спящею. Открытое настежь окно спольни, зеленые ветки, заглядывающие в это окно, утреннюю свежесть, запох тополя, сирени и роз, кровать, стул и на нем платье, которое вчера шуршало, туфельки, часики на столе—всё это нарисовал он себе ясно и отчетливо, но черты лица, милая сонная улыбка, именно то, что важно и характерно, ускользало от его воображения, как ртуть из-под польца. Проехав полверсты, он оглянулся назад: желтая церковь, дом, река и сад были залиты светом; река со своими ярко-зелеными серегами, отражая в себе голубое небо и кое-где серебрясь

Riabovitch turned his head and looked at the
house.   The venetian blinds were drawn;
evidently all still slept.   And among them
slept she—she who had kissed him but a few
hours before. He tried to visualize her asleep.
He projected the bedroom window open wide
with green branches peering in, the freshness
of the morning air, the smell of poplars, lilacs,
and roses, the bed, a chair, the dress which
rustled last night, a pair of tiny slippers, a
ticking watch on the table—all these came to
him clearly with every detail.   But the
features, the kind, sleepy smile—all, in short,
that was essential and characteristic—fled his
imagination as quicksilver flees the hand.
When he had covered half a verst he again
turned back.   The yellow church, the house,
gardens, and river were bathed in light.
Reflecting an azure sky the green-banked river
specked with silver sunshine flakes was
inexpressibly fair, and, looking at Miestetchki
for the last time, Riabovitch felt sad, as if
parting for ever with something very near and
dear.
     By the road before him stretched familiar,
uninteresting scenes; to the right and left,
fields of young rye and buckwheat with

на солнце, была очень красива. Рябович взглянул в последний раз на Местечки, и ему стало так грустно, как будто он расставался с чем-то очень близким и родным.

А на пути перед глазами лежали одни только давно знакомые, неинтересные картины.... Направо и налево поля молодой ржи и гречихи с прыгающими грачами; взглянешь вперед—видишь пыль и затылки, оглянешься назад—видишь ту же пыль и лица.... Впереди всех шагают четыре человека с шашками—это авангард. За ними толпа песельников, а за песельниками трубачи верхами. Авангард и песельники, как факельщики в похоронной процессии, то и дело забывают об уставном расстоянии и заходят далеко вперед.... Рябович находится у первого орудия пятой батареи. Ему видны все четыре батареи, идущие впереди его. Для человека невоенного эта длинная, тяжелая вереница, какою представляется движущаяся бригада, кажется мудреной и мало понятной кашей; непонятно, почему около одного орудия столько людей и почему его везут столько лошадей, опутанных странной сбруей, точно оно и в самом деле так серашно и тяжело. Для

hopping rooks; in front, dust and the napes of human necks; behind, the same dust and faces. Ahead of the column marched four soldiers with swords—the advance guard. Next came the bandsmen. Advance guard and bandsmen, like mutes in a funeral procession, ignored the regulation intervals and marched too far ahead. Riabovitch, with the first gun of Battery No. 5, could see four batteries ahead.

To a layman, the long, lumbering march of an artillery brigade is novel, interesting, inexplicable. It is hard to understand why a single gun needs so many men; why so many strangely harnessed horses are needed to drag it. But to Riabovitch, a master of all these things, it was profoundly dull. He had learned years ago why a solid sergeant-major rides beside the officer in front of each battery; why the sergeant-major is called the *unosni*, and why the drivers of leaders and wheelers ride behind him. Riabovitch knew why the near horses are called saddle-horses, and why the off horses are called lead-horses — and all of this was uninteresting beyond words. On one of the wheelers rode a soldier still covered with yesterday's dust, with a cumbersome,

Рябовиыф же всё понятно, а потому крайне неинтересно. Он довно уже знает, для чего впереди каждой батареи рядом с офицером едет солидный фейерверкер и почему он называется уносным; вслед за спиной этого фейерверкера видны ездовые первого, потом среднего выноса; Рябович знает, что левые лошади, на которых они сидят, назы-ваются подседельными, а правые подруч-ными—это очень неинтересно. За ездовым следуют две коренные лошади. На одной из них сидит ездовой со вчерашней пылью на спине и с неуклюжей, очень смешной деревяшкой на правой ноге; Рябович знает назначение этой деревяшки, и она не кажется ему смешною. Ездовые, все, сколько их есть, машинально взмахивают накайками и изредка покрикивают. Само орудие некрасиво. На передке лежат мешки с овсом, прирытые брезентом, а орудие всё завешано чайниками, солдатскими сумками, мешочками и имеет вид маленького безредного животного, которое неизвестно для чего окружили люди и лошади. По бокам его, с подветренной стороны, размахивая руками, шагают шесть человек прислуги. За орудием опять начинаются новые уносные, ездовые, коренные, а за ними тянется новое орудие,

токое же некрасивое и ridiculous guard on his right leg. But Riabovitch, knowing the use of this leg-guard, found it in no way ridiculous. The drivers, mechanically and with occasional cries, flourished their whips. The guns in themselves were unimpressive. The limbers were packed with tarpaulin-covered sacks of oats, and the guns themselves, hung round with teapots and satchels, looked like harmless animals, guarded for some obscure reason by men and horses. In the lee of the gun tramped six gunners swinging their arms; behind each gun came more *unosniye*, leaders, wheelers, and yet more guns, each as ugly and uninspiring as the one in front. And as every one of the six batteries in the brigade had four guns, the procession stretched along the road at least half a verst. It ended with a wagon train, with which, head bent in thought, walked the donkey Magar, brought from Turkey by a battery commander.

Dead to his surroundings, Riabovitch marched onward, looking at the napes ahead or at the faces behind. Had it not been for last night's event, he would have been half asleep. But now he was absorbed in novel, entrancing thoughts. When the brigade set out that

невнушительное, как и первое.   За вторым
следует третье, четвертое; около четвертого
офицер и т. д. Всех бетарей в бригаде шесть, а в
каждой батарее по четыре орудия. Вереница
тянется на полверсты.   Заканчивается она
обозом, около которого задумчиво, понурив
свою длинноухую голову, шагает в высшей
степени   симпатичная   рожа—осел   Магар,
вывезенный одним батарейным командиром из
Турции.

Рябович равнодушно глядел вперед и назад, на
затылки и на лица; в другое время он задремал
бы, но теперь он весь погрузился в свои новые,
приятные мысли.   Сначала, когда бригада
только что двинулась в путь, он хотел убедить
себя, что история с поцелуем может быть
интересна только как маленькое таинственное
приключение, что по существу она ничтожна и
думать о ней серьезно по меньшей мере глупо;
но скоро он махнул на логику рукой и отдался
мечтам…. То он воображал себя в гостиной у
Раббека,   рядом   с   девушкой,   похожей   на
сиреневую барышню и на блондинку в черном;
то закрывал глаза и видел себя с другою, совсем
незнакомою девушкою с очень неопределен-
ными чертами лица, мысленно он говорил,

morning he had tried to argue that the kiss had no significance save as a trivial though mysterious adventure without real import; that to think of it seriously was to behave absurdly.   But logic soon fled away and surrendered him to his vivid imaginings.   At times he saw himself in von Rabbek's dining-room, *tête-à-tête* with a composite being, formed of the girl in lilac and the blonde in black.   At times he closed his eyes and pictured himself with a different, this time quite unknown, girl of cloudy features; he spoke to her, caressed her, bent over her shoulder; he imagined war and parting...then reunion, the first supper together, children....

"To the brakes!" rang the command as they topped the brow of each hill.

Riabovitch also cried "To the brakes!" and each time dreaded that the cry would break the magic spell and recall him to realities.

They passed a big country house. Riabovitch looked across the fence into the garden, and saw a long path, straight as a ruler, carpeted with yellow sand, and shaded by young birches.   In an ecstasy of enchant-ment, he pictured little feminine feet treading the yellow sand; in a flash, imagination ласлал,

склонялся к плечу, представлял себе войну и разлуку, потом встречу, ужин с женой, детей....

—К валькам!—раздавалась команда всякий раз при спуске с горы.

Он тоже кричал «к валькам!» и боялся, чтобы этот крик не порвал его мечты и не вызвал бы его к действительности....

Проезжая мимо какого-то помещичьего имения, Рябович поглядел через полисадник в сад. На глаза ему попалась длинная, прямая, как линейка, аллея, посыпанная желтым песком и обсаженная молодыми березками.... С жадностью размечтавшегося человека он представил себе маленькие женские ноги, идущие ро жельтму песку, и совсем неожиданно в его воображении ясно вырисовалась та, которая целовала его и которую он сумел превставить себе вчера за ужином. Этот образ остановлся в его мозгу и уж не оставлял его.

В полдень сзади, около обоза, раздался крик:

—Смирно! Глаза налево! Гг. офицеры!

В коляске, на поре велых лошадей, прокател бригадный генерал. Он остановился около второй батареи и закричал что-то такое, чего никто не понял. К нему поскакали несколько офицеров, в том числе и Рябович.

restored the woman who had kissed him, the woman he had visualized after supper the night before. The image settled in his brain and never afterwards forsook him.

The spell reigned until midday, when a loud command came from the rear of the column.

"Attention! Eyes right! Officers!"

In a *calèche* drawn by a pair of white horses appeared the brigade general. He stopped at the second battery and called out something which no one understood. Up galloped several officers, among them Riabovitch.

"Well, how goes it?" The general blinked his red eyes, and continued, "Are there any sick?"

Hearing the answer, the little skinny general mused a moment, turned to an officer, and said—

"The driver of your third gun wheeler has taken off his leg-guard and hung it on the limber. *Canaille*! Punish him!"

Having made several other equally tiresome remarks, he looked at Lobitko, and laughed.

"Why do you look so downcast, Lieutenant Lobitko? You are sighing for Madame

— Ну, как? Что?—спросил генерал, моргая красными глазами.—Есть больные?

Получив ответы, генерал, маленький и тощий, пожевал, подумал и сказал, обращаясь к одному из офицеров:

—У вас коренной ездовой третьего орудия снял наколенник и повесил его, каналья, на передок. Взыщите с него.

Он поднял глаза на Рябовича и продолжал:

—А у вас, кажется, нашильники слишком длинны....

Сделав еще несколько скучных замечаний, генерал поглядел на Лобытко и усмехнулся.

—А у вас, поручик Лобытко, сегодня очень грустный вид,—сказал он.—По Лопуховой скучаете? А? Господа, он по Лопуховой соскучился!

Лопухова была очень полная и очень высокая дама, давно уже перевалившая за сорок. Генерал, питавший пристрастие к крупным особам, какого бы возраста они ни были, подозревал в этом пристрастии и своих офицеров. Офицеры почтительно улыбнулись. Бригадный, довольный тем, что сказал что-то очень смешное и ядовитое, громко захохотал, коснулся кучерской спины и сделал под козырек. Коляска покатила дальше.

Lopukhoff, eh? Gentlemen, he is pining for —
Madame Lopukhoff!"

Madame Lopukhoff was a tall, stout lady,
long past forty. Being partial to big women,
regardless of age, the general ascribed the
same taste to his subordinates. The officers
smiled respectfully, and the general, pleased
that he had said something caustic and
laughable, touched the coachman's back and
saluted. The *calèche* whirled away.

"All this, though it seems to me impossible
and unearthly, is in reality very common-
place," thought Riabovitch, watching the
clouds of dust raised by the general's carriage.
"It is an everyday event, and within everyone's
experience.... This old general, for instance,
must have loved in his day; he is married now,
and has children. Captain Wachter is also
married, and his wife loves him, though he has
an ugly red neck and no waist.... Salmanoff is
coarse, and a typical Tartar, but he has had a
romance ending in marriage.... I, like the rest,
must go through it all sooner or later."

And the thought that he was an ordinary
man, and that his life was ordinary, uplifted
and consoled him. He boldly visualized *her*

«Всё, о чем я теперь мечтаю и что мне теперь кажется невозможным и не земным, в сущности очень обыкновенно,—думал Рябович, глядя на облака пыли, бежавшие за генеральской коляской.—Всё это очнь обыкновенно и переживается всеми.... Например, этот генерал в свое время любил, теперь женат, имееь детей. Капитан Вахтер тоже женат и любим, хотя у нуго очень некрасивый красный затылок и нет талии.... Сальманов груб и слишком татарин, но у него был роман, кончившийся женитьбой.... Я такой же, как и все, и переживу рано или поздно то же самое, что и все....»

И мысль, что он обыкновенный человек и что жизнь его обыкновенна, обрадовала и подободрила его. Он уже смело, как хотел, рисовал *ее* свое счастье и ничем не стеснял своего воображения....

Когда вечером врикада привыла к месту и офицеры отдыхали в палатках, Рявосич, Мерзляков и Лобытко сидели вакруг сундука и ужинали. Мерзляков не спеша ел и, медленно жуя, читал «Вестник Европы», который держал на коленях. Лобытко без умолку говорил и подливал в стакан пиво, а Рябович, у которого от целодневных мчаний стоял туман в голове,

and his happiness, and let his imagination run mad. Towards evening the brigade ended its march. While the other officers sprawled in their tents, Riabovitch, Merzliakoff, and Lobitko sat round a packing case and supped. Merzliakoff ate slowly, and, resting *The Messenger of Europe* on his knees, read on steadily. Lobitko, chattering without cease, poured beer into his glass. But Riabovitch, whose head was dizzy from uninterrupted daydreams, ate in silence. When he had drunk three glasses he felt tipsy and weak, and an overwhelming impulse forced him to relate his adventure to his comrades.

"A most extraordinary thing happened to me at von Rabbek's," he began, doing his best to speak in an indifferent, ironical tone. "I was on my way, you understand, from the billiard-room...."

And he attempted to give a very detailed history of the kiss. But in a minute he had told the whole story. In that minute he had exhausted every detail; and it seemed to him terrible that the story required such a short time. He felt it ought to have lasted all night. As he finished, Lobitko, who as a liar himself believed in no one, laughed incredulously.

молчал и пил. После трех стаканов он охмелел, ослабел и ему неудержимо захотелось поделиться с товарищами своим новым ощущением.

—Странный случился со мной случай у этих Раббеков…—начал он, стараясь придать своему голосу равнодушный и насмешливый тон.—Пошел я, знаете ли, в бильярдную.…

Он стал рассказывать очень подробно историю с поцелуем и через минуту умолк.… В эту минуту он рассказал всё, и его страшно удивило, что для рассказа понадобилось так мало времени. Ему казалось, что о поцелуе можно рассказывать до самого утра. Выслушав его, Лобытко, много лгавший, а потому никому не веривший, недоверчево посмотрел на него и усмехнулся. Мерзляков пошевелил бровями и покойно, не отрывая глаз от «Вестника Европы», сказал:

—Бог знает что!.… Бросается на шею, не окликнув.… Должно быть, психопатка…—согласился Рябович.

—Подобный же случай был однажды со мной…—сказал Лобытко, делая испуганные глаза.—Еду я в прошлом году в Ковно.… Беру билет 11 класса.…Вагон витком навит, и спать невозможно. Даю кондуктору полтину.… Тот

Merzliakoff frowned, and with his eyes still glued to *The Messenger of Europe,* said indifferently—

"God knows who it was! She threw herself on your neck, you say, and didn't cry out! Some lunatic, I expect!"

"It must have been a lunatic," agreed Riabovitch.

"I, too, have had adventures of that kind," began Lobitko, making a frightened face. "I was on my way to Kovno. I traveled second class. The carriage was packed, and I couldn't sleep. So I gave the guard a ruble, and he took my bag, and put me in a *coupé.* I lay down and pulled my rug over me. It was pitch-dark, you understand. Suddenly I felt someone tapping my shoulder and breathing in my face. I stretched out my hand, and felt an elbow. Then I opened my eyes. Imagine! A woman! Coal-black eyes, lips red as good coral, nostrils breathing passion, breasts— buffers!"

"Draw it mild!" interrupted Merzliakoff in his quiet voice. "I can believe about the breasts, but if it was pitch dark how could you see the lips?"

берет мой багаж и ведет меня в купе.... Ложусь
и укрываюсь одеялом.... Темно, понимаете ли.
Вдруг слышу, кто-то трогает меня за плечо и
дышит мне на лицо. Я этак сделал движение
рукой и чувствую чей-то локоть.... Открываю
глаза и, можете себе представить,—женщина!
Черные глаза, губы красные, как зорошая семга,
ноздри дышат страстью, грудь—буфера....

—Позвольте,—перебил   покойно   Мер-
зляков,—насчет груди я понимаю, но как вы
могли увидеть губы, если было темно?

Лобытко стал изворачиваться и смеяться
над несообразительностью Мерзлякова. Это
покоробило Рябовича. Он отошел от сундука,
лег и дал себе слово никогда не откровенничать.

Наступила лагерная жизнь.... Потекли дни,
очень похожие друг на друга. Во все эти дни
Рябович чувствовал, мыслил и держал себя, как
влюбленный.   Каждое утро, когда денщик
подавал ему умываться, он, овливая голову
холодной водой, всякий раз вспоминал, что в
его жизни есть что-то хорошее и теплое.

Вечерами, когда товарищи начинали раз-
говор о любви и о женщинах, он прислу-
шивался, подходил ближе и принимал такое
выражение, какое бывает на лицах солдат, когда
они слушают рассказ о сражении, в котором

By laughing at Merzliakoff's lack of understanding, Lobitko tried to shuffle out of the dilemma. The story annoyed Riabovitch. He rose from the box, lay on his bed, and swore that he would never again take anyone into his confidence.

Life in camp passed without event. The days flew by, each like the one before. But on every one of these days Riabovitch felt, thought, and acted as a man in love. When at daybreak his servant brought him cold water and poured it over his head, it flashed at once into his half-awakened brain that something good and warm and caressing had crept into his life.

At night when his comrades talked of love and women, he drew in his chair and his face was the face of an old soldier who talks of battles in which he has taken part. And when the rowdy officers, led by setter Lobitko, made Don Juanesque raids upon the neighboring "suburb," Riabovitch, though he accompanied them, was morose and conscience-struck, and mentally asked her forgiveness. In free hours and sleepless nights, when his brain was obsessed by memories of childhood, of his father, his mother, of everything akin and dear

сами участвовали.   А в те вечера, когда под-
гулявшее обер-офицерство с сеттером-Лобытко
во главе делало донжуинские набеги на
«слободку», Рябович, принимавший участие в
набегах, всякий раз бывал грустен, чувствовал
себя глубоко виноватым и мысленно просил у
нее прощения.... В часы безделья или в
бессонные ночи, когда ему пригодила охота
вспоминать детство, отца, мать, вообще родное
и близкое, он непременно вспоминал и
Местечки, странную лошадь, Раббека, его жену,
похожую на императрицу Евгению, темную
комнату, яркую щель в двери....

31-го августа он возвращался из лагеря, но
уже не со всей бригадой, а с двумя батареями.
Всю дорогу он мечтал и волновался, точно ехал
на родину.   Ему страстно хотелось опять
увидеть странную лошадь, черковь, неискрен-
нюю   семью   Раббеков,   темную   комнату;
«внутренний голос», так часто обманываящий
влюбленных, шептал ему почему-то, что он
непременно   увидит   ее....   И   его   мучили
вопросы: как он всеретится с ней? о чем будет с
ней говорить? не забыла ли она о поцелуе?   На
худой конец, думал он, если бы даже она не
встретилась ему, то для него было бы приятно

to him, he remembered always Miestetchki, the
dancing horse, von Rabbek, von Rabbek's wife,
so like the ex-Empress Eugenie, the dark
room, the chink in the door.

On the thirty-first of August he left camp,
this time not with the whole brigade but with
only two batteries. As an exile returning to his
native land, he was agitated and enthralled by
daydreams. He longed passionately for the
queer-looking horse, the church, the insincere
von Rabbeks, the dark room; and that internal
voice which so often cheers the lovelorn
whispered an assurance that he should see *her*
again. But doubt tortured him. How should
he meet her? What must he say? Would she
have forgotten the kiss? If it came to the
worst—he consoled himself—if he never saw
her again, he might walk once more through
the dark room and remember....

Towards evening the white barns and well-
known church rose on the horizon.
Riabovitch's heart beat wildly. He ignored the
remark of an officer who rode by, he forgot the
whole world, and gazed greedily at the river
glimmering afar, at the green roofs, at the
dove-cote, over which fluttered birds, dyed
golden by the setting sun.

уже одно то, что он пройдется по темной комнате и вспомнит....

К вечеру на горизонте показались знакомая церковь и белые амбары. У Рябовича забилось сердце.... Он не слушал офицера, ехавшего рядом и что-то говорившего ему, про всё забыл и с жадностью всматривался в блестевшую вдали реку, в крышу дома, в голубятню, над которой кружились голуби, освещенные заходившим солнцем.

Подъезжая к церкви и потом выслушивая квартирьера, он ждал каждую секунду, что из-за ограды покажется верховой и пригласит офицеров к чаю, но... доклад кватирьеров кончился, офицеры спешились и побрели в деревню, а верховой не показывался....

«Сейчас Рабба узнает от мужиков, что мы приехали, и пришлет за наси»,—думал Рябович, входя в избу и не понимая, зачем это товарищ зажигает свечу и зачем денщики спешат ставить самовары....

Тяжелое беспокойство овладело им. Он лег, потом встал и поглядел в окно, не едет ли верховой? Но верхового не было. Он опять лег, через полчаса встал и, не выдержав беспокойства, вышел на улицу и зашагал к церкви. На площади, около ограды, было

As he rode towards the church, and heard again the quartermaster's raucous voice, he expected every second a horseman to appear from behind the fence and invite the officers to tea.... But the quartermaster ended his harangue, the officers hastened to the village, and no horseman appeared.

"When Rabbek hears from the peasants that we are back he will send for us," thought Riabovitch. And so assured was he of this, that when he entered the hut he failed to understand why his comrades had lit a candle, and why the servants were preparing the samovar.

A painful agitation oppressed him. He lay on his bed. A moment later he rose to look for the horseman. But no horseman was in sight. Again he lay down; again he rose, and this time, impelled by restlessness, went into the street and walked towards the church. The square was dark and deserted. On the hill stood three silent soldiers. When they saw Riabovitch they started and saluted, and he, returning their salute, began to descend the familiar path.

Beyond the stream in a sky stained with purple, the moon slowly rose. Two chattering

темно и пустынно.... Какие-то три солдата стояли рядом у самого спуска и молчали. Увидев Рябовича, они встрепенулись и отдали честь. Он откозырял им в ответ и стал спускаться вниз по знокомой тропинке.

На том берегу всё небо было залито багровой краслой: восходила луна; какие-то две бабы, громко разговаривая,ходили по огороду и рвали капустные листья; заогородами темнело несколько изб.... А на этом берегу было всё то же, что и в мае: тропинка, кусты, вербы, нависшие над водой... только не слышно было храброго соловья да не пахло тополем и молодой травщй.

Дойдя до сада, Рябович заглянул в калитку. В саду было темно и тихо.... Видны были только белые стволы ближайших берез да кусочек аллеи, всё же остальное мешалось в черную массу. Рябович жадно вслушивался и всматривался, но, простояв с четверть часа и не дождасшись ни звука, ни огонька, поплелся назад....

Он подошел к реке. Перед ним белели генеральская купальня и простыни, висевшие на перилах мостика.... Он взошел на мостик, постоял и без всякой надобности потрогал простыню. Простыня оказалась шаршавой и

peasant women walked in a kitchen garden and pulled cabbage leaves; behind them their log cabins stood out black against the sky. The river bank was as it had been in May — the bushes were the same, and things differed only in that the nightingale no longer sang and it no longer smelled of poplars and young grass.

When he reached von Rabbek's garden Riabovitch peered through the wicket gate. Silence and darkness reigned. Save for the white birch trunks and patches of pathway alone, the whole garden merged in a black, impenetrable shade. Riabovitch listened greedily and gazed intently. For a quarter of an hour he loitered, then, hearing no sound and seeing no light, he walked wearily towards home.

He went down to the river. In front rose the general's bathing box and white towels that hung on the rail of the bridge. He climbed onto the bridge and stood still; then, for no reason whatever, touched a towel. It was clammy and cold. He looked down at the river which sped past swiftly, murmuring almost inaudibly against the bathing box piles. Near the left bank glowed the moon's

холдной.   Он поглядел вниз на воду.... Река
бежала быстро и едва слышно журчала около
сваен купольни.   Красная луна отражалась у
левого берега; маленькие волны бежали по ее
отражению, растягивали его, разрывали на
части и, казалось, хотели унести....

«Как глупо!   Как глупо!—думал Рябович,
глядя на бегущую воду.—Как всё это неумно!»

Теперь, когда он ничего не ждал, история с
поцелуем, его нетерпение, неясные надежды и
разочарование представлялись ему в ясном
свете. Ему уж не казалось странным, что он не
дождался генеральского верхового и что ни-
когда не увидит той, которая случайно
поцеловала его вместо другого; напротив, было
бы странно, если бы он увидел ее....

Вода бежала неизвестно куда и зачем.
Бежала она таким же образом и в мае; из речки
в мае месяце она влилась в большую реку, из
реки в море, потом испаривлилась в большую
реку, из реки в море, потом испарилась,
абратилась в дождь, и, быть может, она, та же
самая вода, опять бежит теперь перед глазами
Рябовича.... К чему? Зачем?

И весь мир, вся жизнь показались Рябовичу
непонятной, бесчельной шуткой.... А отведя
глаза от воды и взглянув на небо, он опять

ruddy reflection, overrun by ripples which stretched it, tore it in two, and, it seemed, would sweep it away as twigs and shavings are swept. "How stupid! How stupid!" thought Riabovitch, watching the hurrying ripples. "How stupid everything is!"

Now that hope was dead, the history of the kiss, his impatience, his ardor, his vague aspirations and disillusion appeared in a clear light. It no longer seemed strange that the general's horseman had not come, and that he would never again see *her* who had kissed him by accident instead of another. On the contrary, he felt it would be strange if he did ever see her again....

The water flew past him, whither and why no one knew. It had flown past in May; it had sped a stream into a great river, a river into the sea; it had floated on high in mist and fallen again in rain, and it may be that the water of May was again speeding past under Riabovitch's eyes. For what purpose? Why? And the whole world, life itself, seemed to Riabovitch an inscrutable, aimless mystification.... Raising his eyes from the stream and gazing at the sky, he recalled how Fate in the shape of an unknown woman had once

вспомнил, как судьба в лице незнакомой женщины нечаянно обласкала его, вспомнил свои летние мечты и образы, и его жизнь показолось ему необыкновенно скудной, убогой и бесчветной....

Когда он вернулся к себе в избу, то не застал ни одного товарища. Денщик доложил ему, что все они ушли к «генералу Фонтрябкину», приславшему за ними верхового.... На мгновение в груди Рябовича вспыхнула радость, но он тотчас же потушил ее, лег в постель и назло своей судьбе, точно желая досадить ей, не пошел к генералу.

caressed him; he recalled his summer fantasies and images, and his whole life seemed to him unnaturally thin and colorless and wretched....

When he reached the cabin his comrades had disappeared. His servant informed him that all had set out to visit "General Fonrabbkin," who had sent a horseman to bring them.... For a moment Riabovitch's heart filled with joy. But that joy he extinguished. He cast himself upon his bed wroth with his evil fate and, as if to spite it, ignored the invitation.

О ЛЮБВИ

На другой день к завтраку подавали очень вкусные пирожки, раков и бараньи котлеты; и пока ели, приходил наверх повар Никанор справиться, что гости желают к обеду. Это был человек среднего роста, с пухлым лицом и маленькими глазами, бритый, и казалось, что усы у него были не бриты, и выщипаны.

Алехин рассказал, что красивая Пелагая была влюблена в этого поворо. Так как он был пьяница и буйного нрава, то она не хотела за него замуж, но соглашалась жить так. Он же был очень набожен, и религиозные сбеждения не позволяли ему жить так; он требовал, чтобы она шла за него, и иначе не хотел, и бранил ее, когда бывал пьян, и даже бил. Когда он бывал пьян, она пряталась наверху и рыдала, и тогда Алехин и прислуга не уходили из дому, чтобы защитить ее в случае на добности.

Стали говорить о любви.

OF LOVE

The next morning some excellent pastries, shrimp, and mutton cutlets were served at the mid-day meal, and while they were eating these good things, the cook, Nicanor, came up to inquire what the guests would like for supper. He was a man of middle height with a puffy face and small eyes; he was clean-shaven, but it looked as if his mustache had been plucked rather than shaved.

Aleckin told them that the lovely Pelagia was in love with this man. As he was a drunkard and of riotous habits, she did not want to marry him, but had been willing to live with him without doing so. He, however, was very pious, and the teachings of religion being against this manner of life he insisted on her marrying him, and would hear of no other arrangement; later he insulted her when he was drunk and even beat her. When he was drunk she hid upstairs and sobbed, so Aleckin and the

—Как зарождается любовь,—сказал Алехин,—почему Пелагея не полюбила кого-нибудь другого, более подходящего к ней по ее душевным и внешним качествам, а полюбила именно Никанора, этого мурло,—тут у нас все зовут его мурлом,—поскольку в любви важны вопросы личного счастья—все это неизвестно, и обо всем этом можно трактовать как угодно. До сих пор о любви была сказана только одна неоспоримая правда, а именно, что «тайна сия велика есть», все же остальное, что писали и говорили о любви, было не решением, а только постановкой вопросов, которые так и оставались неразрешенными. То объяснение, которое, казалось бы, годится для одного случая, уже не годится для десяти других, и самое лучшее, по-моему,—это объяснять каждый случай в отдельности, не пытаясь обобщать. Надо, как говорят доктора, индивидуализировать каждый отдельный случай.

—Совершенно верно,—согласился Буркин.

—Мы, русские, порядочные люди, питаем пристрастие к этим вопросам, остающимся без разрешения. Обыкновенно любовь поэтизируют, украшают ее розами, соловьями, мы же, русские, украшаем нашу любовь этими роковыми вопросами, и притом выбираем из

servants remained about the house to protect her as the occasion required.

They began speaking of love.

"How is love engendered?" asked Aleckin. "Why did Pelagia not fall in love with someone else more suited to her by his qualities, mental and physical, rather than with this Nicanor, this mug — among all of us here he is called a mug. Important as individual happiness is in matters of love, yet so much is undecided that it can be methodized just as one likes. Up to the present only one indisputable truth has been uttered, that 'a mystery great it is;' all else that has been written and said about love is not a solution but a presentation of questions which have remained unsolved. Therefore, an explanation which would fit one occasion would not fit ten others, and the very best thing, in my opinion, is to explain each case separately and not to try to generalize. As the doctors say, 'we must individualize.'"

"Quite true," agreed Burkin.

"We serious Russian people eagerly absorb these questions, but remain without an answer. Usually, love poetizes and adorns them with roses and nightingales, but we Russians adorn our love with fatal questions and subsequently select the least interesting. When I was but a student at

них самые неинтересные. В Москве, когда я
еще был студентом, у меня была подруга
жизни, милая дама, которая всякий раз, когда я
держал ее в объятиях, думал о том, сколько я
буду выдавать ей в месяц и почем теперь
говядина за фунт. Так и мы, когда любим, то не
перестаем задавать себе вопросы: честно это
или не честно, умно или глупо, к чему поведет
эта любовь и так далее. Хорошо это или нет, я
не знаю, но что это мешает, не удовлетворяет,
разыражает—это я знаю.

Было похоже, что он хочет что-то
рассказать. У людей живущих одиноко, всегда
бывает на душе что-нибудь такое, что они
охотно бы рассказали. В городе холостяки
нарочно ходят в баню и в рестораны, чтобы
только поговорить, и иногда рассказывают
банщикам или официантам очень интересние
истории, в деревне же обыкновенно они
изливают душу пнред своими гостями. Теперь
в окна было видно серое небо и деревья, мокрые
от дождя, в такую погоду некуда было деваться
и ничего больше не оставалось, как только
рассказывать и слушать.

—Я живу в Софьине и занимаюсь
хозяйством уже давно,—начал Алехин,—с тех
пор, как кончил в университете. По воспита-

Moscow I had a friend, a dear little woman who, every time I held her in my arms, thought of how much I was going to give her a month, and then how much beef cost a pound. So we, when in love, never cease to ask ourselves questions such as: 'Is it honorable or not? wise or foolish? where will this love lead me to?' and so on. Whether this is right or wrong, I do not know, but I do know that it hinders, and is dissatisfying and exasperating."

It looked rather as if he had some story to tell. People who live alone always have something on their minds of which they would willingly disburden themselves. In the towns bachelors go to the baths and restaurants purposefully, and only so as to talk; sometimes they tell the bath attendants or waiters very interesting stories, but in the country they usually pour their souls onto their guests. For the time being through the window there was only gray sky and trees wet with rain to be seen. In such weather there was nowhere to go and nothing to do except recount tales or listen to them.

"I have lived in Sophino, and busied myself with farming for a long while," began Aleckin, "ever since I finished my studies at the University. By my upbringing I am one who avoids work, and by inclination one who is fond of study, but when I arrived here on my estate there was a large debt on

нию я белоручка, по наклоннастям—кабинетный человек, но на имении, когда я приехал сюда, был большой долг, а так как отец той задолжал отчасти потоку, что много тратил на мое образование, то я решил, что не уеду, отсюда и буду работать, пока не уплачу этого долка. Я решил так и начал тут работать, признаюсь, не без некоторого отвращения. Здешняя земля дает немного, и, чтобы сельское хозяйство было не в убыток, нужно пользоваться трудом крепостных или наемных батраков, что почти одно и то же, или же вести свое хозяйство на крестьянский лад, то есть работать в поле самому, со своей семьей. Середины тут нет. Но я тогда не вдавался в такие тонкости. Я не оставлял в покое ни одного клочка земли, я сгонял всех мужиков и баб из соседних деревень, работа у меня тут кипела неистовая; я сам тоже похол, сеял, косил и при этом скучал и брезгливо морщился, как деревенская кошка, которая с голоду ест на огороде огурцы; тело мое болело, и я спал на ходу. В первое время мне казалось, что эту рабочую жизнь я могу легко помирить со своими культурними привычками; для этого стоит только, думал я, держаться в жизни известного внешнего порядка. Я поселился тут

it; as my father owed part of it in consequence of all he had spent on my education, I decided I would not leave this place, and would work till such time as I had paid off the debt. This I resolved and began my work here, not, I confess, without a certain distaste. The surrounding soil is unproductive, and so as to obviate the losses incurred in farming, the only way was to make use of serfs or hirelings (nearly one and the same thing), or else to conduct one's farming after the manner of the peasants, that is, to work on the fields oneself with all one's family. There is no middle course. But I did not indulge in such fineries. I did not leave one sod of earth unturned, I collected all the men and women from the neighboring villages, and frenziedly seethed the work on my estate. I myself plowed and sowed and mowed, was thereby greatly bored and knitted my brows with contempt, like a country cat who from hunger eats the cucumbers in the garden. My body ached all over and I slept as I walked along. At first I thought I could quite easily combine this life of hard labor with my civilized habits; the only thing necessary, I thought, was to keep up certain outward appearances. I established myself up here in the best rooms, and after luncheon and dinner had coffee and liqueurs handed round, and every night

наверху, в парадных комнатах, и завел так, что после завтрака и обеда мне подавали кофе с ликераки, и, ложась спать, я читал на ночь «Вестник Европы».   Но как-то пришел наш батюшка, отец Иван, и в один присест выпил все мои ликеры; и «Вестник Европы» пошел тоже к поповнам, так как летом, особенно во время покоса, я не успевал добраться до своей постели и засыпал в сарае, в санях или где-нибудь в лесной сторожке,—какое уж тут чтение? Я мало-помалу перебрался вниз, стал обедать в людской кухне, и из прежней роскоши у меня осталась только вся эта прислуга, которая еще служила моему отцу и которую уволить мне было бы больно.

В первые же годы меня здесь выбрали в почетные мировые судьи.   Кое-когда приходилось наезжать в город и принимать участие в заседаниях съезда и окружного суда, и это меня развлекало.   Когда поживешь здесь безвыездно месяца два-три, особенно зимой, то в конце концов начинаешь тосковать по черном сюртуке. А в окружном суде были и сюртуки, и мундиры, и фраки, все юристы, люди, получившие общее образование; было с кем поговорить.   После спанья в санях, после людской кухни сидеть в кресле, в чистом белье, в легких

when I got into bed read *The European Messenger*. But our little priest, Father Ivan, came one day and at one sitting drank all my liqueurs; *The European Messenger* also found its way to his house, and, as during the summer (especially when the hay was being cut) I had not time to get as far as my bed, but fell asleep in the shed, in a sleigh, or somewhere on the outskirts of the forest. Where did the reading come in?

"By degrees I moved downstairs, dined in the servants' kitchen, and of all my former luxury nothing remained but the servants, who had been in my father's service and whom to dismiss would have been a great grief to me.

"Almost from the beginning I was elected honorary justice of the peace. Every now and again it was incumbent on me to go to town and take part in the sittings of the tribunal and assizes, which gave me a mild diversion. When one lives here two or three months without a change, especially in winter, one begins finally to long for a black frock coat. At the assizes there were men in frock coats, uniforms, and dress-coats, jurists and people—all of whom, having had a certain education, were people to talk with. After sleeping in a sleigh and sitting in the kitchen, it was such a luxury to recline

ботиндах, с цепью на груди—это такая
роскошь!

В городе меня принимали радушно, я
охотно знакомился. И из всех знакомств самым
основательным и, правду сказать, самым
приятным для меня было знакомство с
Лугановичем, товарищем председателя
окружного суда. Его вы знаете оба: милейшая
личность. Это было как раз после знаменитого
дела поджикателей; разбирательство продол-
жалось два дня, мы были утомлены. Луганович
посмотрел на меня и сказал:

—Знаете что? Пойдемте ко мне обедать.

Это было неожиданно, так как с Лугано-
вичем я был знаком мало, только официально, и
ни разу у него не был. Я только на минуту
зашел к себе в номер, чтобы переодеться, и
отправился на обед. И тут мне представился
случай познакомиться с Анной Алексеевной,
женой Лукановича. Тогда она было еще очень
молода, не старше двадцати двух лет, и за
полгода до того у нее родился первый ребенок.
Дело прошлое, и теперь бы я затруднился
определить, что собственно в ней было такого
необыкновенного, что мне так понравилось в
ней, тогда же за обедом для меня все было
неотразимо ясно; я видел женщину молодую,

in an armchair, in clean clothes and thin boots, wearing a decorative chain!

"The town received me very cordially, and I made a number of friends. Of all my acquaintances the one I knew best and liked most was Lugano-vitch, vice president of the assizes. You both know him; he is a most excellent fellow. Well, at the end of that celebrated incendiary case, when the inquiry had lasted for two days and we were worn out, Luganovitch looked at me, and said:

"'Do you know what? Let's go to my house and dine."

"This was very unexpected, as I only knew him slightly (and for that matter, officially) and had never before been to his house. I just went to my room for a moment to change my clothes, then went to dinner. There my first meeting with Anna Alexievna, Luganovitch's wife, took place. She was then very young, about twenty-two, and six months later had her first baby. It is all over now, and I should find it difficult to define what exactly was so unusual about her, what it was that so attracted me to her—then, at that dinner, it was all so unmistakably clear. I saw a young, beautiful, good, intelligent, fascinating woman, such as I had never met before, and I felt so intimate with her at once, as if I had always known her, just as though I

прекрасную, добрую, интеллигентную, обая-
тельную, женщину, какой я раньше никогда не
встречал; и сразу я почувствовал в ней существо
близкое, уже знакомое, точно это лицо, эти
приветливые, умные глаза я видел уже когда-то
в детстве, в альбоме, который лежал на комоде у
моей матери.

В деле поджигателей обвинили четырех
евреев, признали шайку и, по-моему, совсем
неосновательно. За обедом я очень волновался,
мне было тяжело, и уж не помню, что я
говорил,   только   Анна   Алексеевна   все
покачивала головой и говорила мужу:

—Дмитрий, как же это так?

Луганович—это   добряк,   один   из   тех
простодушных   людей,   которые   крепко
держатся мнения, что раз человек попал под
суд, то, значит, он виноват, и что выражать
сомнение в правильности приговора можно не
иначе, как в законном порядке, на бумаге, но
никак не за обедом и не в частном разговоре.

—Мы с вами не поджигали,—говорил он
мягко,—и вот нас же не судям, не сажают в
тюрьму.

И оба, муж и жена, старались, чтобы я
побольше ел и пил; по некоторым мелочам, по
тому, нопример, как оба они вместе варили

had seen those same features, those friendly intellectual eyes, ever since childhood in an album which lay on my mother's chest of drawers.

"Four Jews were incriminated in the arson case and found guilty — I thought, quite without proof. I got in a great state about it at dinner, felt rather upset, and I don't remember now what I said but Anna Alexievna shook her head and said to her husband:

"'Dimitri, how was that?'

"Luganovitch was one of those worthy, simple-minded persons who firmly hold the belief that once a man has been convicted it means that he is guilty, and to express doubt as to the justice of the sentence cannot be done, except in legal terms in the reports, but in no case at dinner or in general conversation.

"'We set fire to nothing,' he said gently, 'and therefore have not been tried nor imprisoned.'

"Both the husband and wife did their utmost to make me eat and drink more. In a number of small ways (for instance the way they made coffee together) they seemed to understand each other by a mere hint, and I was able to conclude that they were very happy together, all was as it should be, and that they enjoyed having guest.   After dinner

кофе, и по тому, как они понимали друг друга с полуслов, я мог заключить, что живут они мирно, благополучно и что они рады гостю. После обеда играли на рояле в четыре руки, потом стало темно, и я уехал к себе. Это было в начале весны. Затем все лето провел я в Софьине безвыездно, и было мне некогда даже подумать а городе, но воспоминание о стройной белокурой женщине оставалось во мне все дни; я не думал о ней, но точно легкая тень ее лежала на моей душе.

Позднею осенью в городе был спектакль с благотворительной целью. Вхожу я в губернаторскую ложу (меня пригласили туда в антракте), смотрю—рядом с губернаторшей Анна Алексеевна, и опять то же самое неотразимое, бьющее впечатление красоты и милых ласкових глаз, и опять то же чувство близости.

Мы сидели рядам, потом ходили в фойе.

—Вы похудели,—сказала она.—Вы были больны?

—Да. У меня простужено плечо, и в дождливую погоду я дурно сплю.

—У вас вялчй вид. Тогда, весной, когда вы приходили обедать, вы были моложе, бодрее. Вы тогда были воодушевлены и много говорили, были очень интересны и, признаюсь, я

they played duets on the piano.   Soon it got dark and I went home.

"This was in the early spring. I spent the whole summer at Sophino without once leaving it, and I never had time even to think of the town, but the remembrance of a tall, fair woman remained with me all the day long. I did not think of her, but something like a faint shadow lay over my spirit.

"In the late autumn some theatricals were organized for charity. I walked into the governor's box (I had been invited in for the entr'acte).   I looked, and next to the governor's wife sat Anna Alexievna, and once more I beheld that ineffable, throbbing sensation of beauty, those sweet, caressing eyes, and again that feeling of intimacy.

"We sat side by side, then went into the foyer.

"'You have grown thinner,' she said. 'Have you been ill?'

"'Yes, I have had rheumatism in the shoulder and can't sleep in damp weather.'

"'You look worm out.   Before, in the spring when you came to dinner, you looked younger and fresher. You were animated, talked a lot, were very interesting, and, I confess, I was rather attracted by you. Somehow, during the course of the summer, the thought of you often came to my mind, and to-

даже увлеклась вами немножко. Почему-то часто в течение лета вы приходили мне на память и сегодня, когда я собиралась в театр, мне казалось, что я вас увижу.

И она засмеялась.

—Но сегодня у вас вялый вид,—повторила она.—Это вас старит.

На другой день я завтракал у Лугановичей; после завтрака они поехоли к себе на дачу, чтобы распорядиться там насчет зимы, и я с ними. С ними же вернулся в город и в полночь пил у них чай в тихой, сетейной обстановке, когда горел камин, и молодая мать все уходила взглянуть, спит ли ее девочка. И после этого в каждый свой приезд я непременно бывал у Лугановицей. Ко мне привыкли, и я привык. Обыкновенно входил я без доклада, как свой челавек.

—Кто там?—свышался из дальних комнат протяжный голос, который казался мне таким прекрасным.

—Это Павел Константиныч,—отвечала горничная или няня.

Анна Алексеевна выходила ко мне с озабоченным лицом и всякий раз спрашивала:

—Почему вас так долго не было? Случилось что-нибудь?

day, as I was coming to the theater, I had a feeling that I was going to see you.'

"She laughed a little, then continued:

"'No, you don't look well today, and it ages you.'

"The next day I lunched with the Luganovitches. Afterwards they went to their country villa to make arrangements for the winter and I went with them. I returned to town with them and partook of tea at midnight in the quiet of their own room by the fire, with their young mother going back and forth to see if her baby daughter was asleep. After this, each time I went to town I never missed going to the Luganovitches. They were accustomed to me and I to them, and I generally arrived quite unceremoniously without even announcing my visit.

"'Who is that?' a drawling voice, which seemed to me so beautiful, sounded from a distant room. 'It is Paul Constantinitch,' the maid or the nurse would answer.

"Anna Alexievna would come forward and greet me with a preoccupied air, and each time asked me: 'Why have you not been here for so long? Has anything happened?'

"Her manner, the delicate refined hand which she held out to me, her simple clothes, her coiffure,

Ее взгляд, изящная, благородная рука, которую она подавала мне, ее домашнее платье, прическа, голос, шаги всякий раз производили на меня все то же впечатление чего-то нового, необыкновенного в моей жизни и важного. Мы беседовали подолгу, и подолгу молчали, думая кождый о своем, или же она играла мне на рояле. Если же никого не было дома, то я оставался и ждал, разговаривал с няней, играл с ребенком или же в кабинете лежал на турецком диване и читал газету, а когда Анна Алексеевна возвращалась, то я встречал ее в передней, брал от нее все ее покупки, и почему-то всякий раз эти покупки я нес с такою любовью, с таким торжеством, точно мальчик.

Есть пословица: не было у бабы хлопот, так подружились они со мной. Если я долго не приезжал в город, то, значит, я был болен, или что-нибудь случилось со мной, и они оба сильно беспокоились. Они беспокоились, что я, образованный человек, знающий языки, вместо того, чтобы заниматься наукой или литературным трудом, живу в деревне, верчусь, как белка в колесе, много работаю, но всегда без гроша. Им казалось, что я страдаю и, если я говорю, стеюсь, ем, то только для торо, чтобы скрыть свои страдания, и даже в веселые

her voice and gait, each time produced in me the impression of something new, unwonted, and of importance in my life. We would talk for a long while, and for a long while remained silent, occupied with our own thoughts, or she would play the piano to me. If there was no one at home, I would wait there and talk with the nurse, play with the child, or extend myself on the Turkish divan in the sitting room and read the newspapers; and when Anna Alexievna returned home, I would meet her in the vestibule, relieve her of all her purchases, and somehow each time would carry those parcels with as much care and solemnity as if I had been a small boy.

"There is a saying: 'If women had no cares, they would make them;' so the Luganovitches, having no cares, fussed about me, and if I stayed away from town for some time it meant I was ill or something had happened, and they both worried. They worried because I, a well-educated man, knowing several languages, instead of being occupied with studies or literature, lived in the country, working hard, like a squirrel on a wheel, and always for nothing. They thought I was unhappy, and if I spoke, joked, or ate, it was all in order to hide my troubles, and even when I was feeling elated and

минуты, когда мне было хорошо, я чувствовал на себе их пытливые взгляды. Они были особенно трогательни, когда мне в самом деле приходилось тяжело, когда меня притеснял какой-нибудь кредитор или нехватало денег для срочного платежа; оба, муж и жена, шептались у окна, потом он подходил ко мне и с серьезным лицом говорил:

—Если вы, Павел Константинович, в настоящее время нуждаетесь в деньгах, то я и жена просим вас не стесняться и взять у нас.

И уши краснели у него от волнения. А случалось, что, точно так же, пошептавшись у окна, он подходил ко мне, с красными ушами, и говорил:

—Я и жена убедительно просим вас принять от нас вот этот подарок.

И подавал запонки, портсигар или лампу; и я за это присылал им из деревни битую птицу, масло и цветы. Кстати сказать, оба они были состоятельные люди. В первое время я часто брал взаймы и был не особенно разборчив, брал, где только возможно, но никакие силы не заставили бы меня взять у Лугаиовичей. Да что говорить об этом!

Я был несчастлив. И дома, и в поле, и в сарае я думал о ней, я старался понять тайну

everything was going well, I noticed their mindful looks at me.

"They were particularly compassionate when anything really tiresome happened. If I was pressed by some creditor, or had not enough money for the quarterly accounts, both husband and wife would whisper at the window, then he would come up to me and, with an anxious look on his face, say:

"'Paul Constantinitch, if you are in want of money at this moment, my wife and I beg you not to hesitate, but to accept it from us.'

"And the tips of his ears turned red with emotion. The same thing would occur on other occasions. They would whisper together at the window, then he would come up to me with red-tipped ears and say: 'I and my wife earnestly beg of you to accept this little present.' And he would present me with cufflinks, a cigarette case, or a lamp; I, in return, would send them game, butter, and flowers from the country. I must mention, by the way, that they were quite affluent people. In the beginning I often had to borrow money, and was not very particular from whom so long as I got it, but no power on earth would make me take any from the Luganovitches. How useless it seems to mention all this! Still, I was not happy. In the house, in the fields, in the shed, I thought of her; I

молодой, красивой, умной женщины, которая
выходит за неинтересного человека, почти за
старика (мужу было больше сорока лет), имеет
от него детей,—понять тайну этого
неинтересного человека, добряка, простяка,
который рассуждает с таким скучным здраво-
мыслием, на балах и вечеринках держится около
солидных людей, вялый, ненужный, с покор-
ным, безучастным выражением, точно его
привели сюда продавать, который верит,
однако, в все право быть счастливым, иметь от
нее детей; и я все старался понять, почему она
встретилась именно ему, а не мне, и для чего
это нужно было, чтобы в нашей жизни
произошла такая ужасная ошибка.

А приежая в город, я всякий раз по ее глазам
видул, что она ждала меня; и она сама призна-
валась мне, что еще с утра у нее было какое-то
особенное чувство, она угадвала, что я приеду.
Мы подолгу говорили, молчали, но мы не
признавались друг другу в нашей любви и
вкрывали ее робко, ревниво. Мы боялись всего,
что могло бы открыть нашу тайну нам же
самим. Я любил нежно, глубоко, но я раббу-
ждал, я спрашивал себя, к чему может повести
наша любовь, если у нас нехватит сил бороться
с нею; мне казалось невероятным, что она моя

strove to understand the mystery of a young, pretty, clever woman marrying an uninteresting man, much older than herself (her husband was over forty), and having children by him. I strove to understand the mystery of this uninteresting man, worthy and simple-minded, who reasoned with such tedious common sense; who at balls and evening parties kept company with staid people, was dull and of no account, wore a docile, detached expression, just as if he had been led there as a victim; who nevertheless believed he had a right to be happy and have children by her. I strove to understand why it was he she had met and not I, why this had been necessary for this terrible mistake to have befallen us.

"Each time I arrived in town I saw in her eyes that she had been expecting me, and she herself confessed to me that, drawn, she had had a kind of feeling that I was coming. We talked long together, and were silent for long periods, but we never disclosed to each other our love—we timidly and jealously hid it away. We were afraid of everything which might even disclose it to ourselves. My love was deep and tender, yet I reasoned and asked myself whither our love might lead us if our strength failed to fight against it. It seemed to me unthinkable that my silent, unhappy love should

тихоя, грустная вюбовь вдруг грубо оборет счастливое течение жизни ее мужа, детей, всего этого дома, где меня так любили и где мне так верили. Честно ли это? Она пошла бы за мной, но куда? Куда бы я мог увести ее? Другое дело, если б я, напримр, боролся за освобождение родины или был знаменитым ученым, артистом, художником, а то ведь из одной обычной, будничной обстановки пришлось бы увлечь ее в другую такую же или еще более будничную. И как бы долго продолжалось наше счастье? Что было бы с ней в случае моей болезни, смерти или, просто, если бы мы разлюбили друг друга?

И она, повидимому, рассуждала подобным же образом. Она думала о муже, о детях, о сваей матери, котороя любила ее мужа, как сына. Если бы она отдалась своему чувству, то пришлось бы лгать или говорить правду, а в ее положении то и дргое было бы одинаково страшно и неудобно. И ее мучил вопрос: принесет ли мне счастье ее любовь, не осложнит ли она моей жизни, и без того тяжелой, полной всяких несчастий? Ей казалось, что она уже недостаточно молода для меня, недостаточно трудолюбива и энергична, чтобы начать новую жизнь, и она часто говорила с мужем о том, что мне нужно жениться на умной, достойной

abruptly sunder the tranquil stream of her husband's life, her children's, and that of her home where all were so fond of me and so respected me. Would it be honorable? She might come with me, but where? Where could I take her? It would be another matter if I were leading a brilliant, interesting life—if I, for instance, were fighting for the freedom of my country, or were a noted scholar, artist, painter, but instead, I should be tempting her to leave one commonplace, dull home, for another equally or more so. And how long would our happiness last? What would happen to it if I were to fall ill or die, or merely if we ceased to love each other? And she apparently reasoned to herself in the same manner. She thought of her husband as her own son. If she gave way to her feelings she would have to lie or speak the truth, and in her situation one would have been as dreadful and unpleasant to her as the other.

"She was tormented by questions such as: 'Will this love bring me happiness, shall I not add difficulties to his life, which is already so difficult and full of every kind of misfortune?' She had an idea, too, that she was no longer young enough for me, not energetic or fond enough of work to start a new life, and she often spoke to her husband of the need of my marrying a clever, estimable girl who

девушке, которай была бы хорошей хозяйкой, помощницей,—и тотчас же добавляла, что во всем городе едва ли найдется такая девушка.

Между тем годы шли. У Анны Алексеевны было уже двое детей. Когда я приходил к Лукановичам, прислуга улыбалась приветливо, дети кричали, что пришел дядя Павел Константиныч, и вешались мне на шею; все радовались. Не понимали, что делалось в моей душе, и думали, что я тоже радуюсь. Все видели во мне благородное существо. И взрослые, и дети чувствовали, что по комнате ходит благородное существо, и это вносило в их отношения ко мне какую-то особую прелесть, точно в моем присутствии и их жизнь была чище и красивее. Я и Анна Алексеевна ходили вместе в театр, всякий раз пешком; мы сидели в креслах рядом, плечи наши касались, я молча брал из ее рук бинокль и в это время чувствовал, что она близка мне, что она моя, что нам нельзя друг без друга, но, по какому-то странному недоразумению, выйдя из театра, мы всякий раз прощались и расходились, как чужие. В городе уже говорили о нас бог знает что, но из всего, что говорили, не было ни одного слова правды.

В последние годы Анна Алексеевна стала чаще уезжать то к матери, то к сестре; у нее уже

would be a good housewife and helpmate—but added at once that such a girl was hardly to be found in the whole town.

"Meanwhile the years went by. Anna Alexievna had now two children. When I appeared at the Luganovitches' the servant smiled a welcome, the children shouted 'Uncle Paul had come,' and clung around my neck; everyone was overjoyed, and no one understood what was taking place in my mind, for they thought that I too was overjoyed. They regarded me as a high-principled being. Grown-ups and children felt that a high-principled being had entered their room, and this evoked a kind of charm in their attitude towards me, just as if in my presence their life became yet purer and more beautiful. Anna Alexievna and I used to walk to the theater together; in our seats we sat side by side, our shoulders touching. I took her glasses out of her hands without asking. At those times I felt she was everything to me, that she was mine, that we could not get on one without the other; but, by some strange misconception, after the theater we separated and each time parted from one another strangers. The town was already saying God knows what about us, but there was not one word of truth in all the things that were said.

бывало дурное настроение, являлось сознание неудовлетворенной, испорченной жизни, когда не хотелось видеть ни мужа, ни детей. Она уже лечилась от расстройства нервов.

Мы молчали, и всё молчали, а при посторонних она испытывала какае-то странное раздражение против меня; о чем бы я ни говорил, она не соглашалась со мной, и если я спорил, то она принимала сторону моего противника. Когда я понял что-нибудь, то она говорила холодно:

—Поздравляю вас.

Если, идя с ней в театр, я забывал взять бинокль, то потом она говорила:

—Я так и знала, что вы забудете.

К счастью или к несчастью, в нашей жизни не бывает ничего, что не кончалось бы рано или поздно. Наступило время разлуки, так как Лугановича назначили председателем в одной из западных губерний. Нужно было продавать мебель, лошадей, дачу. Когда ездили на дачу и потом вазвращались и оглядывались, чтобы в последний раз взглянуть на сад, на зеленую крышу, то было всем крустно, и я понимал, что пришла пора прощаться не с одной только дачей. Было решено, что в конце августа мы проводим Анну Алексеевну в Крым, куда

"In later years Anna Alexievna began to stay away very often with her mother or her sister. There were times when she showed signs of an unsettled state of mind of the consciousness of an unfulfilled and wasted life when she would see neither her husband nor children; and she underwent a treatment for nerves.

"We did not speak about it, nor did anyone else, but in the presence of outsiders she was seized with some odd kind of exasperation towards me; she disagreed with whatever I said, and if I disputed anything she always took the side of my opponents. If I dropped anything she would say coldly:

"'I compliment you.'

"When I went to the theater with her and forgot to take my glasses she would say afterwards: 'I knew you would forget them.'

"Fortunately — or unfortunately — there is nothing in life which does not end sooner or later. The day of parting came when Luganovitch was nominated president in one of the southern districts. Everything had to be sold — furniture, horses, country villa. They went to the villa to have a look round, and then turned back to have one last look at the garden and green roof. It made us all sad, and I realized that the time had come to take farewell not only of the villa. It was decided that at

посылали ее доктора, а немного погдя уедет Луганович с детьми в свою западную губернию.

Мы провожали Анну Алексеевну большой толпой. Когда она уже простилась с мужем и детьми и до третьего звонка оставалось одно мгновение, я вбежал к ней в купе, чтобы положить на полку одну из ее корзинок, которую она едва не забыла; и нужно было проститься. Когда тут, в купе, взгляды наши встретились, душевные силы оставили нас обоих, я обнял ее, она прижалась лицам к моей груди, и слезы потекли из глаз; целуя ее лицо, плечи, руки, мокрые от слез,—о, как мы были с ней несчастны!—я признался ей в всоей вюбви, и со жгучей болью в сердце я понял, как ненужно, мелко и как обманчиво было все то, что нам мешало любить. Я понял, что когда любишь, то в всоих рассуждениях об этой любви нужно исходить от высшего, от более важного, чем счастье или несчастье, грех или добродетель в их ходячем смысле, или не нужно рассуждать вовсе.

Я поцеловал в последний раз, пожал руку, и мы расстались—навсегда. Поезд уже шел. Я сел в соседнем купе,—оно было пусто,—и до первой станции сидел тут и плакал. Потом пошел к себе в Софьино пешком....

the end of August we would send Anna Alexievna off to the Crimea where her doctor had ordered her to go, and Luganovitch and the children would leave soon after for the southern district.

"A large number of people came to see Anna Alexievna off. She said good-bye to her husband and children, and there was but a minute before the third ring of the bell when I rushed into her compartment to place on the rack one of her baskets, which she had almost forgotten, and we then said good-bye. When in the compartment our glances met, our moral strength deserted us both; I clasped her in my arms, she pressed her face against my shoulder, and tears filled her eyes. I kissed her face, neck, hands; our tears flowed—oh, how unhappy we both were! I confessed to her that I loved her and, with a pain that transfixed my heart, I realized how unprofitable, trivial, and deceptive all that was which hindered our love. I understood that when you love, your cognizance of that love must derive from something higher and more important than happiness or unhappiness, good (as it is usually understood) or evil—that there is no need to reason at all about it.

"I kissed her for the last time, pressed her hand, and we parted—forever. The train had started, I sat down in the next compartment, which was

Пока Алехин рассказывал, дождь перестал и выглянуло солнце. Буркин и Иван Иваныч вышли на балкон; отсюда был прекрасный вид на сад и на плес, который теперь на солнце блестел, как зеркало. Они любовались и в то же время жалели, что этот человек с добрыми, умными глазами, который рассказывал им с таким чистосердечием, в самом деле вериелся здесь, в этом громадном имении, как белка в колесе, а не занимался наукой или чем-нибудь другим, что делало бы его жизнь более приятной; и они думали о том, какон, должно быть, скорбное лицо было у молодой дамы, когда он прощался с ней в купе и целовал ей лицо и плечи. Оба они встречали ее в городе, а Буркин был даже знаком с ней и находил ее красивой.

empty; there I sat until the next station shedding tears.   I then got out and walked back to Sophino...."

While Aleckin had been telling his story, the rain had stopped, and the sun peeped out. Burkin and Ivan Ivanitch stepped onto the balcony. There was a lovely view of the garden and the bay, which now in the sun was glistening like a mirror. They admired, and at the same time deplored, that this man with the kind, intellectual eyes, who had so candidly told them his history, should, as a matter of fact, grind away on this large property like a squirrel on a wheel, and not occupy himself with the arts, or something which would render his life pleasanter. They also reflected how very distressed the lady must have looked when he said good-bye to her in the railway carriage and kissed her on her face and neck. Both of them had met her in the town; Burkin had known her previously, and thought her very pretty.

ДАМА С СОБАЧКОЙ

I

Говорили, что на набережной появилось новое лицо: дама с собачкой. Дмитрий Дмитрич Гуров, проживший в Ялте уже две недели и привыкший тут, тоже стал интересоваться новыми лицами. Сидя в повильоне у Верне, он видел, как по набережной прошла молодая дама, невысокого роста блондинка, в берете; за нею бежал белый шпиц.

И потом он встречал ее в городском саду и на сквере, по нескольку раз в день. Она гуляла одна, все в том же берете, с белым шпицем; никто не знал, кто она, и называли ее просто так: дама с собачкой.

«Если она здесь без мужа и без знокомых,— соображал Гуров,—то было бы не лишнее познакомиться с ней».

THE LADY WITH THE TOY DOG

I

It was reported that a new face had been seen on the quay—a lady with a little dog. Dimitri Dimitrich Gomov, who had been a fortnight at Yalta and had gotten used to it, had begun to show an interest in new faces. As he sat in the pavilion at Verné's he saw a young lady, blond, fairly tall, and wearing a broad-brimmed hat, pass along the quay. After her ran a white Pomeranian.

Later he saw her in the park and in the square several times a day. She walked by herself, always in the same broad-brimmed hat, and with this white dog. Nobody knew who she was, and she was spoken of as the lady with the toy dog.

"If," thought Gomov, "if she is here without a husband or a friend, it would be as well to make her acquaintance."

Ему не было еще сорока, но у него были уже дочь двенадцати лет и два сына-гимназиста. Его женили рано, когда он был еще студентом второго курса, и теперь жена козалась в полтора раза старше его. Это была женщина высокая, с темными бровями, прямая, важная, солидная и, как она сама себя называла, мыслящая. Она много читала, не писала в письмах ъ, называла мужа не Дмитрием, а Димитрием, а он втайне считал ее недалекой, узкой, неизящной, боялся ее и не любил бывать дома. Изменять ей он начал уже давно, изменял часто и, вероятно, поэтому о женщинах отзывался почти всегда дурно, и когда в его присутствии говорили о них, то он называл их так:

—Низшая раса!

Ему казалось, что он достаточно научен горьким опытом, чтобы называть их, как угодно, но все же без «низшей расы» он не мог бы прожить и двух дней. В обществе мужчин ему было скучно, не по себе, с ними он был неразговорчив, холоден, но когда находился среди женщин, то чувствовал себя свободно и знал, о чем говорить с ними и как держать себя; и даже молчать с ними ему было легко. В его наружности, в характере, во всей его натуре

He was not yet forty, but he had a daughter of twelve and two boys at school. He had married young, in his second year at the University, and now again his wife seemed half as old as himself. She was a tall woman, with dark eyebrows, erect, grave, stolid, and she thought herself an intellectual woman. She read a great deal, called her husband not Dimitri, but Demitri, and in his private mind he thought her short-witted, narrow-minded, and ungracious. He was afraid of her and disliked being at home. He had begun to betray her with other women long ago, betrayed her frequently, and probably for that reason nearly always spoke ill of women, and when they were discussed in his presence he would maintain that they were an inferior race.

It seemed to him that his experience was bitter enough to give him the right to call them any name he liked, but he could not live a couple of days without the "inferior race." With men he was bored and ill at ease, cold and unable to talk, but when he was with women he felt easy and knew what to talk about, how to behave, and even when he was silent with them he felt quite comfortable. In his appearance as in his character, indeed in his whole nature, there was something attractive, indefinable, which drew women to him and

было что-то привлекательное, неуловимое, что
располагало к нему женщен, манило их; он знал
об этом, и самого его тоже какая-то сила влекла
к ним.

Опыт многократный, в самом деле, горький
опыт, научил его давно, что всякое сближение,
которое вначале так приятно разнообразит
жизнь и представляется милым и легким
приключением, у порядочных людей, особенно
у москвичей, тяжелых на подъем,
нерешительных, неизбежно вырастает в целую
задачу, сложную чрезвычайно, и полокой новой
встрече с интересною женщиной этот опыт
как-то ускользал из памяти, и хотелось жить, и
все казалось так просто и забавно.

И вот однажды, под вечер, он обедал в саду,
а дама в берете подходила не спеша, чтобы
занять соседний стол. Ее выражение, походка,
платье, прическа говорили ему, что она из
порядочного общества, замужем, в Ялте в
первый раз и одна, что ей скучно здесь.... В
рассказах о нечистоте местных нравов много
неправды, он презирал их и знал, что такие
рассказы в большинстве сочиняются людьми,
которые сами бы охотно грешили, если б
умели; но когда дама села за соседний стол в
трех шагах от него, ему вспомнились эта тельная

charmed them; he knew it, and he, too, was drawn by some mysterious power to them.

His frequent, and indeed bitter experiences had taught him long ago that every affair of that kind, at first a divine diversion, a delicious smooth adventure, is in the end a source of worry for a decent man, especially for men like those in Moscow who are slow to move, irresolute, domesticated, for it becomes at last an acute and extraordinarily complicated problem and a nuisance. But whenever he met and was interested in a new woman his experience would slip away from his memory and he would long to live, and everything would seem so simple and amusing.

And it so happened that one evening he dined in the gardens, and the lady in the broad-brimmed hat came up at a leisurely pace and sat at the next table. Her expression, her gait, her dress, her coiffure told him that she belonged to society, that she was married, that she was paying her first visit to Yalta, that she was alone, and that she was bored.... There is a great deal of untruth in the gossip about the immorality of the place. He scorned such tales, knowing that they were for the most part concocted by people who would be only too ready to sin if they had the chance, but when the lady sat down at the next table, only a yard or

мысль о скорой, мимолетной связи, о романе с неизвестною женщиной, которой не знаешь по имени и фамилии, вдруг овладела им.

Он ласково поманил к себе шпица и, когда тот подошел, погрозил ему польцем. Шпиц заворчал. Гуров опять погрозил.

Дама взглянула на него и тотчас же опустила глаза.

—Он не кусается,—сказала она и покраснела.

—Можно дать ему кость?—и когда она утвердитесьно кивнула головой, он спросил приветливо:—Вы давно изволили приехать в Ялту?

—Дней пять.

—А я уже дотягиваю здесь вторую неделю.

Помолчали немного.

—Время идет быстро, а между тем здесь такая скука!—сказала она, не глядя на него.

—Это только принято говорить, что здесь скучно. Обыватель живет у себя где-нибудь в Белеве или Жиздре—и иму не скучно, а приедет сюда: «Ах, сучно! ах, пыль!» Подумаешь, что он из Гренады приехал.

Она засмеялась. Потом оба продолжали есть молча, как незнакомые; но после обеда пошли рядом—и начался шутливый, легкий разговор людей свободных, довольных, которым все

two away form him, his thoughts were filled with
tales of easy conquests, of trips to the mountains,
and he was suddenly possessed by the alluring
idea of a quick transitory liaison, a moment's
affair with an unknown woman whom he knew
not even by name.

He beckoned to the little dog, and when it
came up to him, wagged his finger at it. The dog
began to growl. Gomov again wagged his finger.

The lady glanced at him and at once cast her
eyes down.

"He won't bite," she said and blushed.

"May I give him a bone?" —and when she
nodded emphatically, he asked affably: "Have
you been in Yalta long?"

"About five days."

"And I am just dragging through my second
week."

They were silent for a while.

"Time goes quickly," she said, "and it is
amazingly boring here."

"It is the usual thing to say that it is boring
here. People live quite happily in dull holes like
Bieliev or Zhidra, but as soon as they come here
they say: 'How boring it is! The very dregs of
dullness!' One would think they came from
Spain."

равно, куда бы ни итти, о чем ни говорить.

Они гуляли и говорили о том, как странно освещно море; вода была сиреневого цвета, такого мягкого и теплого, и по ней от луны шла золотая полоса. Говорили о том, как душно после жаркого дня. Гуров рассказал, что он москвич, по образовонию филолог, он служит в банке; готовился когда-то петь в частной опере, но бросил, имеет в Москве два дома.... А от нее он узнал, что она выросла в Петербурге, но вышла замуж в С., где живет уже два года, что пробудет она в Ялте еще с месяц и за ней, быть может, предет ее муж, которому тоже хочется отдохнуть. Она никак не могла объяснить, где служит ее муж,—в губернском правлении нли в губернской земской управе, и это ей самой было смешно. И узнал еще Гуров, что ее зовут Анной Сергеевной.

Потом у себя в номере он думал о ней, о том, что завтра спать, он вспомнил, что она еще так недално была институткой, училась все равно как теперь его дочь, вспомнил, сколько еще несмелости, угловатости было в ее смехе, в разговоре с незнакомым,—должно быть, это первый раз в жизни она была одна в такой обстановке, когда за ней ходят, и на нее смотрят, и говорят с ней только с одною тойнел

She smiled. Then both went on eating in silence as though they did not know each other, but after dinner they went off together—and then began an easy, playful conversation as though they were perfectly happy, and it was all one to them where they went or what they talked of. They walked and talked of how the sea was strangely luminous, the water lilac, so soft and warm, and how athwart it the moon cast a golden streak. They said how stifling it was after the hot day. Gomov told her how he came from Moscow.... And from her he learned that she came from Petersburg, was born there, but married at S— where she had been living for the last two years, that she would stay another month at Yalta, and perhaps her husband would come for her because he too needed a rest. She could not tell him what her husband was— Provincial Administration or Zemstvo Council— and she seemed to think it funny. And Gomov found out that her name was Anna Sergeyevna.

In his room at night he thought of her and how they would meet next day. They must do so. As he was going to sleep it struck him that she could only lately have left school, and had been at her lessons even as his daughter was then; he remembered how bashful and gauche she was when she laughed and talked with a stranger—it

он ее тонкшю, слабую шею, красивые серые глаза.

«Что-то в ней есть жалкое все-таки»,— подумал он и стал засыпать.

II

Прошла неделя после знакомства. Был праздничный день. В комнатах было душно, а на улицаъ вихрем носилась пыль, срывало шляпы. Весь день хотелось пить, и Гуров часто заходил в павильон и предлагал Анне Сергеевне то воды с сиропом, то мороженого. Некуда было деваться.

Вечером, когда немного утихло, они пошли на мол, чтобы посмотреть, как придет пороход. Но пристани было много гуляющих; собрались встречать кого-то, держали букеты. И тут отчетливо бросались в глаза две особнности нарядной ялтинской толпы: пожилые дамы были одеты, как молодые, и было много генералов.

По случаю волнения на море, пароход пришел поздно, когда уже село солнце, и, прежде чем пристать к молу, долго

must be, he thought, the first time she had been alone and in such a place with men walking after her and looking at her and talking to her, all with the same secret purpose which she could not but guess. He thought of her slender white neck and her pretty, grey eyes.

"There is something touching about her," he thought as he began to fall asleep.

II

A week passed. It was a blazing day. Indoors it was stifling and in the streets the dust whirled along. All day long he was plagued with thirst and he came into the pavilion every few minutes and offered Anna Sergeyevna a cold drink or ice. It was impossibly hot.

In the evening when the air was fresher they walked to the jetty to see the steamer come in. There was quite a crowd gathered to meet somebody, for they carried bouquets. And among them were clearly marked the peculiarities of Yalta: the elderly ladies were youngly dressed and there were many generals.

The sea was rough and the steamer was late, and before it turned into the jetty it had to do a

поворачиволся. Анна Сергеевна смотрела в лорнетку на пороход и на пассажиров, как бы отыскивая знакомых, и когда обращалась к Гурову, то глаза у нее блестели. Она много говорила, и вопросы у нее были отрывисты, и она сама тотчас же забывала, о чем спрашивала; потом потеряла в толпе лорнетку.

Порядная толпа расходилась, уже не было видно лиц, ветер стих совсем, а Гуров и Анна Сергеевна стояли, точно ожидая, не сойдет ли еще кто с порохода. Анна Сергеевна уже молчала и нюхала цветы, не глядя на Гурова.

—Погода к вечеру стала получше,—сказал он.—Куда же мы теперь пойдем? Не поехать ли нам куда-нибудь?

Она ничего не ответила.

Тогда он пристально поглядел на нее и вдруг обнял ее и поцеловал в губы, и его обдало запахом и влагой цветов, и тотчас же он пугливо огляделся: не видел ли кто?

—Пойдемте к вам…—проговорил он тихо.

И оба пошли быстро.

У нее в номере было душно, похло духами, которые она купила в японском магазине. Гуров, глядя на нее теперь, думал: «Каких только не бывает в жизнии встреч!» От прошлого у него сохранилось воспоминание о

great deal of maneuvring. Anna Sergeyevna looked through her lorgnette at the steamer and the passengers as though she were looking for friends, and when she turned to Gomov, her eyes shone. She talked much, her questions were abrupt, and she forgot what she had said; then she lost her lorgnette in the crowd.

The well-dressed people went away, the wind dropped, and Gomov and Anna Sergeyevna stood as though they were waiting for somebody to come from the steamer. Anna Sergeyevna was silent. She smelled her flowers and did not look at Gomov.

"The weather has become more pleasant towards evening," he said. "Where shall we go now? Shall we take a carriage?"

She did not answer.

He fixed his eyes on her and suddenly embraced her and kissed her lips, and he was kindled with the perfume and moisture of the flowers; at once he started and looked round; had not someone seen?

"Let us go to your—" he murmured.

And they walked quickly away.

Her room was stifling and smelled of scents she had bought at the Japanese shop. Gomov looked at her and thought: "What strange chances

без заботных, добродушных женщинах, веселых от любви, благодарных ему за счастье, хотя бы очень короткое; и о таких,—как, например, его жена,—которые любили без искренности, с излишними разговорами, монерно, с истеринй, с таким выражением, как будто то была не любовь, не страсть, а что-то более значительное; и о таких двух-трех, очень красивых, холодных, у которых вдруг промелькало на лице хищное выражение, упрямое желание взять, выхватить у жизни больше, чем она может дать, и это были не первой молодости, капризные, не рассуждающие, властные, не умнее женщины, и когда Гуров охладевал к ним, то красота их возбуждала в нем ненависть, и кружева на их белье козались ему тогда похожими на чешую. Но тут все та же несмелость, угловатость неопытной молодости, неловкое чувство; и было впечатление растерянности, как будто кто вдруг постучал в дверь. Анна Сергеевна, эта «дама с собачкой», к тому, что произошло, отнеслась как-то особенно, очень серьезно, точно к своему падению,—так казалось, и это было странно и некстати. У нее опустились, завяли черты и по сторонам лица печально висели длинные волосы, она зодумалась в

there are in life!"   From the past there came the memory of earlier good-natured women, gay in their love, grateful to him for their happiness, short though it might be; and of others — like his wife—who loved without sincerity, talked excessively and affectedly, even hysterically as though they were protesting that it was not love, nor passion, but something more important; and of the few beautiful cold women into whose eyes there would flash suddenly a fierce expression, a stubborn desire to take, to snatch from life more than it can give; they were no longer in their first youth, they were capricious, unstable, domineering, impru-dent, and when Gomov became cold towards them their beauty roused him to hatred, and the lace on their lingerie reminded him of the scales of fish.

But here there was the shyness and awkwardness of inexperienced youth, a feeling of constraint, an impression of perplexity and wonder, as though some one had suddenly knocked at the door. Anna Sergeyevna, "the lady with the toy dog" took what had happened somehow seriously, with a particular gravity, as though thinking that this was her downfall and was very strange and improper. Her features seemed to sink and wither, and on either side of

унылой позе, точно грешница на старинной картине.—Нехорошо,—сказала она.—Вы же первый меня не уважаете теперь.

На столе в номере был арбуз. Гуров отрезал себе ломоть и стал есть не спеша. Прошло, по крайней мере, полчаса в молчании.

Анна Сергеевна была трогательна, то нее веяло чистотой порядочной, ноивной, мало жившей женщины; одинокая свеча, горевшая на столе, едва освещала ее лица, но было видно, что у нее нехорошо на душе.

—Отчего бы я мог перестать увожать тебя?—спросил Гуров.—Ты сама не знаешь, что говоришь.

—Пусть бог меня простит!—скозала она, и глаза у нее наполнились слезами.—Это ужасно.

—Ты точно оправдываешься.

—Чем мне оправдаться? Я дурная, низкая женщина, я себя презираю и об оправдании не думаю. Я не мужа обманула, а самое себя. И не сейчас только, а уже давно обманываю. Мой муж, быть может, честный, хороший человек, но ведь он лакей! Я не знаю, что он делает там, как служит, а знаю только, что он лакей. Мне, когда я вышла за него, было двадцать лет, меня томило любопытство, мне хотелось чего-нибудь получше; ведь есть же,—говорила я

her face her long hair hung mournfully down; she sat crestfallen and musing, exactly like a woman taken to sin in some old picture.

"It is not right," she said. "You are the first to lose respect for me."

There was a melon on the table. Gomov cut a slice and began to eat it slowly. At least half an hour passed in silence.

Anna Sergeyevna was very touching and she irradiated the purity of a simple, devout, inexperience woman; the solitary candle on the table hardly lit her face, but it showed her very wretched.

"Why should I cease to respect you?" asked Gomov. "You don't know what you are saying."

"God forgive me!" she said, and her eyes filled with tears. "It is horrible."

"You seem to want to justify yourself."

"How can I justify myself? I am a wicked, low woman and I despise myself. I have no thought of justifying myself. It is not my husband that I have deceived, but myself. And not only now but for a long time past. My husband may be a good honest man, but he is a lackey. I do not know what work he does, but I do know that he is a lackey in his soul. I was twenty when I married him. I was overcome by curiosity. I longed for

себе,—другая жизнь. Хотелось пожить! По-
жить и пожить....Любопытство меня жгло...
вы этого не понимаете, но, клялалось, меня
нельзя было удержать, я сказала мужу, что
больна, и поехала сюда.... И здесь все ходила,
как в угаре как безумная... и вот я стала
пошлой, дрянной женщиной, которую всякий
может презирать.

Гурову было уже скучно слушать, его
раздрожал наивный тон, это покаяние, такое
неожиданное и неуместное; если бы не слезы на
глазах, то можно было бы подумать, что она
шутит или играет роль.

—Я не понимаю,—скозал он тихо,—что же
ты хочешь?

Она спрятала лицо у него на груди и
прижалась к нему.

—Верьте, верьте мне, умоляю вас...—
говорила она.— Я люблю честную, чистую
жизнь, а грех мне гадок, я сама не знаю, что
делаю. Простые люди говорят: нечистый
попутал. И я могу теперь про себя сказать, что
меня попутал нечистый.

—Полно, полно...—бормотал он.
Он смотрел ей в неподвижные, испуганные
глаза, целовал ее, говорил тихо и ласково, и она

something. 'Surely,' I said to myself, 'there is another kind of life.' I longed to live! To live, and to live.... Curiosity burned me up.... You do not understand it, but I swear by God, I could no longer control myself. Something strange was going on in me. I could not hold myself in. I told my husband that I was ill and came here.... And here I have been walking about dizzily, like a lunatic.... And now I have become a low, filthy woman whom everybody may despise."

Gomov was already bored; her simple words irritated him with their unexpected and inappropriate repentance; but for the tears in her eyes he might have thought her to be joking or playing a part.

"I do not understand," he said quietly. "What do you want?"

She hid her face in his bosom and pressed close to him.

"Believe, believe me, I implore you," she said. "I love a pure, honest life, and sin is revolting to me. I don't know myself what I am doing. Simple people say: 'The devil entrapped me,' and I can say of myself: 'The Evil One tempted me.'"

"Don't, don't," he murmured.

He looked into her staring, frightened eyes, kissed her, spoke quietly and tenderly, gradually

понемногу успокоилась, и веселость вернулась к
ней; стали оба смеяться.   Потом, когда они
вышли, на набережной не было ни души, город
со своими кипарисами имел совсем мертвый
вид, но море еще шумело и билось о берег; один
баркас качался на волнах, и на нем сонно мерцал
фонарик.

Нашли извозчика и поехоли в Ореанду.

—Я сейчас внизу в передней узнал твою
фамилию: на довке написано фон Дидериц,—
сказал Гуров.—Твой муж немец?

—Нет, у него, кажется, дед был немец, но
сам он православный.

В Ореанде сидели на скамье, недалеко от
церкви, смотрели вниз на море и молчали.
Ялта было едва видна сквозь утренний туман,
на вершинах гор неподвижно стояли белые
облака.   Листва не шевелилась на деревьях,
кричали цикады, и однообразный, глухой шум
моря, доносившийся снизу, говорил о покое, о
вечном сне, какой ожидает нас.   Так шумело
внизу, когда еще тут не было ни Ялты, ни
Ореанды, теперь шумит и будет шуметь так же
равнодушно и глухо, когда нас не будет.   И в
этом постоянстве, в полном равнодушии к
жизни и смерти каждого из нас кроется, бы
может,   залог   нашего   вечного   спасения,

quieted her, and she was happy again and they both began to laugh.

Later when they went out there was not a soul on the quay; the town with its cypresses looked like a city of the dead as the sea still roared and broke against the shore a boat swung on the waves, and in it sleepily twinkled the light of a lantern.

They found a cab and drove out to the Oreanda.

"Just now in the hall," said Gomov, "I discovered your name written on the board — von Didenitz. Is your husband a German?"

"No.   His grandfather, I believe, was a German, but he himself is an Orthodox Russian."

At Oreanda they sat on a bench not far from the church, looked down at the sea and were silent.   Yalta was hardly visible through the morning mist. The tops of the hills were shrouded in motionless white clouds. The leaves of the trees never   stirred,   the   cicadas   trilled,   and   the monotonous dull sound of the sea, coming up from below, spoke of the rest, the eternal sleep awaiting us. So the sea roared when there was neither Yalta nor Oreanda, and so it roars and will roar, dully, indifferently when we shall be no more. And within this continual indifference to the life

непрерывного движения жизни на земле,
непрерывного совершенства.   Сидя рядом с
молодой женщиной,   которая на рассвете
казалась такой красивой, успокоенный и
очарованный в виду этой сказочной
обстановки—моря, гор, облаков, широкого
неба, Гуров думал а том, как, в сущности, если
вдуматься, все прекрасно на этом свете, все,
кроме того, что мы сами мыслим и делаем,
когда забываем о высших целях бытия, о своем
человеческом достонистве.

Подошел какой-то человек,—должно быть
сторож,—посмотрел на них и ушел. И эта
подробность показалась такой таинственной и
тоже красивой. Видно было, как пришел
пороход из Феодосии, освещенный утренней
зарей, уже без огней.

—Роса на траве,—сказала Анна Сергеелна
после молчания.

—Да. Пора домой.

Они вернулись в город.

Потом каждый полдень они встречались на
набережной, завтракали вместе, обедали,
гуляли, восхищались морем. Она жаловалась,
что дурно спит и что у нее тревожно бъется
сердце, задавала все одни и те же вопросы,
волнуемая то ревностью, то страхом, что он

and death of each of us are lives pent up and the pledge of our eternal salvation, of the uninterrupted movement of life on earth and its unceasing perfection. Sitting side by side with a young woman, who in the dawn seemed so beautiful, Gomov, appeased and enchanted by the sight of the fairy scene, the sea, the mountains, the clouds, the wide sky, thought how at its core, if it were thoroughly explored, everything on earth was beautiful, everything, except what we ourselves think and do when we forget the higher purposes of life and our own human dignity.

A man came up—a coast guard—gave a look at them, then went away. He, too, seemed mysterious and enchanted. A steamer came over from Feodossia by the light of the morning star, its own lights already put out.

"There is dew on the grass," said Anna Sergeyevna after a silence.

"Yes. It is time to go home."

They returned to town.

Then every afternoon they met on the quay, lunched together, dined, walked, and enjoyed the sea. She complained that she slept badly, that her heart beat alarmingly. She would ask the same question over and over again, and was troubled now by jealousy, now by fear that he did not

недостаточно ее уважает. И часто на сквере или в саду, когда вблизи их никого не было, он вдруг привлекал ее к себе и целовал страстно. Совершенная праздность, эти поцелуи среди белого дня, с оглядкой и страхом, как бы кто не увидел, жара, запах моря и постоянное мелькание перед глазами праздных, нарядных, сытых людей точно переродили его; он говорил Анне Сергеевне о том, как она хороша, как соблазнительна, был нетерпеливо страстен, не отходил от нее и на шаг, а она часто задумывалась и все просила его сознаться, что он ее не уважает, нисколько не любит, а только видит в ней пошлую женщину. Почти каждый вечер попозже они уезжали куда-нибудь за город, в Ореанду или на водопад; и прогулка удавалась, впечатления неизменно всякий раз были прекрасны, величавы.

Ждали, что приедет муж. Но пришло от него письмо, в котором он извещал, что у него разболелись глаза, и умолял жену поскорее вернуться домой. Анна Сергеевна заторопилась.

—Это хорошо, что я уезжаю,—говорила она Гурову.—Это сама судьба.

Она поехала на лошадях, и он провожал ее. Ехали целый день. Когда она садилась в вагон

sufficiently respect her. And often in the square or the gardens, when there was no one near, he would draw her close and kiss her passionately. Their complete idleness, these kisses in the full daylight, given timidly and fearfully lest anyone should see, the heat, the smell of the sea and the continual brilliant parade of leisured, well-dressed, well-fed people almost regenerated him. He would tell Anna Sergeyevna how delightful she was, how tempting. He was impatiently passionate, never left her side, and she would often brood, and even asked him to confess that he did not respect her, did not love her at all, and only saw in her a loose woman. Almost every evening rather late they would drive out of town to Oreanda, or to the waterfall; these drives were always delightful and the impressions won during them were always beautiful and sublime.

They expected her husband to come. But he sent a letter in which he said that his eyes were bad and implored his wife to come home. Anna Sergeyevna began to worry.

"It is a good thing I am going away," she would say to Gomov. "It is fate."

She went in a carriage and he accompanied her. They drove for a whole day. When she took her —

курьерского поезда и когда пробил второй
звонок, она говорила:

—Дайте, я погляжу на вас еще.… Погляжу
еще раз. Вот так.

Она не плакала, но была грустна, точно
больна, и лицо у нее дрожало.

—Я буду о вас думать… вспоминать,—
говорила она.—Господь с вами, оставайтесь. Не
поминайте лихом. Мы навсегда прощаемся,
это так нужно, потому что не следовало бы
вовсе встречаться. Ну, господь с вами.

Поезд ушел быстро, его огни скоро исчезли,
и через минуту уже не было слышно шума,
точно все сговорилось нарочно, чтобы
прекратить поскорее это сладкое забытье, это
безумие. И, оставшись один на платформе и
глядя в темную даль, Гуров слушал крик
кузнечиков и гудение телеграфных проволок с
таким чувством, как будто только что
проснулся. И он думал о том, что вот в его
жизни было еще одно похождение или
приключение, и оно тоже уже кончалось, и
осталось теперь вспоминание.… Он был
растроган, грустен и испытывол легкое
раскаяние; ведь эта молодая женщина, с
которой он больше уже никогда не увидится, не
была с ним счастлива; он был приветлив с ней и

seat in the car of an express-train and when the
second bell sounded, she said:

"Let me have another look at you.... Just one
more look. Just as you are."

She did not cry, but was sad and low-spirited,
and her lips trembled.

"I will think of you — often," she said. "Good-
bye. Good-bye. Don't think ill of me. We part
forever. We must, because we ought not to have
met at all. Now, good-bye."

The train moved off rapidly. Its lights disap-
peared, and in a minute or two the sound of it was
lost, as though everything agreed to put an end to
this sweet, oblivious madness. Left alone on the
platform looking into the darkness, Gomov heard
the trilling of the grasshoppers and the humming
of the telegraph wires and felt as though he had
just woke up. And he thought that it had been
one more adventure, one more affair, and it also
was finished and had left only a memory. He was
moved, sad, and filled with a faint remorse; surely
the young woman, whom he would never see
again, had not been happy with him. He had been
kind to her, friendly, and sincere, but still in his
attitude toward her, in his tone and caresses, there
had always been a thin shadow of raillery, the
rather rough arrogance of the successful male

сердечен, но все же в обращении с ней, в его тоне и ласках сквозила тенью легкая насмешка, грубоватое высокомерие счастливого мужчины, который к тому же почти вдвое старше ее. Все время она называла его добрым, необыкновенным, возвышенным; очевидно, он казался ей не тем, чем был на самом деле, значит невольно обманывал ее....

Здесь на станции уже похло осенью, вечер был прохладный.

«Пора и мне на север,—думол Гуров, уходя с платформы.—Пора!»

III

Дома в Москве уже все было по-зимнему, топили печи, и по утрам, когда дети собирались в гимназию и пили чай, было темно, и няня не надолго зажигала огонь. Уже начались морозы. Когда идет первый снег, в первый день езды на санях, приятно видеть белую зетлю, белые крыши, дышится мягко, славно, и в это время вспоминаются юные годы. У старых лип и берез, белых от инея, добродушное выражение, они ближе к сердцу, чем кипарисы и пальмы, и

aggravated by the fact that he was twice as old as she. And all the time she had called him kind, remarkable, noble, so that he was never really himself to her, and had involuntarily deceived her....

Here at the station, the smell of autumn was in the air and the evening was cool.

"It is time for me to go north," thought Gomov, as he left the platform. "It is time."

III

At home in Moscow it was already like winter; the stoves were heated and in the mornings, when the children were getting ready to go to school and had had their tea, it was dark and their nurse lit the lamp for a short while. The frost had already begun. When the first snow falls, the first day of driving in sleds, it is good to see the white earth, the white roofs; one breathes easily, eagerly, and then one remembers the days of youth. The old lime trees and birches, white with hoarfrost, have a kindly expression; they are nearer to the heart than cypresses and palm trees, and with the dear familiar trees there is no need to think of mountains and the sea.

вблизи них уже не хочется думать о горах и море.

Гуров был москвич, вернулся он в Москву в хороший, морозный день, и когда надел шубу и теплые перчатки и пршелся по Петровке и когда в субботу вечером услышал звон колоколов, то недавияя поездка и места, в которых он был, утеряли для него все очарование. Мало-помалу он окунулся в московскую жизнь, уже с жадностью прочитывал по три газеты в день и говорил, что не читает московских газет из принципа. Его уже тянуло в рестораны, клубы, на званые обеды, юбилеи, и уже ему было лестно, что у него бывают известные адвокаты и артисты и что в докторском клубе он играет в карты с профессором. Уже он мог съесть целую порцию селянки на сковородке....

Пройдет какой-нибудь месяц, и Анна Сергеевна, казалось ему, покроется в памяти туманом и только изредка будет сниться с трогательной улыбкой, как снились другие. Но прошло больше месяца, наступила глубокая зима, а в памяти все было ясно, точно расстался он с Анной Сергеевной только вчера. И воспоминания разгорались все сильнее. Доносились ли в вечерней тишине в его

Gomov was a native of Moscow. He returned to Moscow on a fine frosty day, and when he donned his fur coat and warm gloves and took a stroll through Petrovka, when on Saturday evening he heard the church bells ringing, his recent travels and the places he had visited lost all their charms. Little by little he sank back into Moscow life, read eagerly three newspapers a day, and said that he did not read Moscow papers as a matter of principle. He was drawn into a round of restaurants, clubs, dinner parties, parties, and he was flattered to have his house frequented by famous lawyers and actors, and to play cards with a professor at the University club. He could eat a whole plateful of hot *sielianka*.

So a month would pass, and Anna Sergeyevna, he thought, would be lost in the mists of memory and only rarely would she visit his dreams with her touching smile, just as other women had done. But more than a month passed, full winter came, and in his memory everything was clear, as though he had parted from Anna Sergeyevna only yesterday. And his memory was lit by a light that grew ever stronger. No matter how, through the voices of his children saying their lessons penetrating the evening stillness of his study, through hearing a song, or the music in a

кабинет голоса детей, приготовлявших уроки,
слышал ли он романс, или орган в ресторане,
или завывала в камине метель, как вдруг
воскресало в памяти все: и то, что было на молу,
и раннее утро с туманом на горах, и пароход из
Феодосии, и поцелуи.   Он долго ходил по
комнате и вспоминал, и улыбался, и потом
воспоминания   переходили   в   мечты,   и
прошедшее в воображении мешалось с тем, что
будет. Анна Сергеевна не снилась ему, а шла за
ним всюду, как тень, и следила за ним.
Закрывши глаза, он видел ее, как живую, и она
казалась красивее, моложе, нежнее, чем была; и
сам он казался на него из книжного шкафа, из
комина, из угла, он слышал ее дыхание,
ласковый шорох ее одежды.   На улице он
провожал взглядом женщин, искал, нет ли
похожей на нее....

И уже томило сильное желание поделиться с
кем-нибудь своими воспоминаниями. Но дома
нельзя было говорить о своей любви, а вне
дома—не с кем. Не с жильцами же и не в банке.
И о чем говорить? Разве он любил тогда? Разве
было что-нибудь красивое, поэтеческое, или
поучетельное, или просто интересное в его
отношениях к Анне Сергеевне? И приходилось
говорить неопределенно о любви, о женщинах,

restaurant, or the snowstorm howling in the chimney, suddenly the whole thing would come to life again in his memory: the meeting on the jetty, the early morning with the mists on the mountains, the steamer from Feodossia, and their kisses. He would pace up and down his room and remember it all and smile, and then his memories would drift into dreams, and the past was confused in his imagination with the future. He did not dream at night of Anna Sergeyevna, but she followed him everywhere, like a shadow watching him. As he shut his eyes he could see her vividly, and she seemed handsomer, tenderer, younger than in reality; and he seemed to himself better than he had been at Yalta. In the evenings she would look at him from the bookcase, from the fireplace, from the corner; he could hear her breathing and the soft rustle of her dress. In the street he would gaze at women's faces to see if there was not one like her....

He was filled with a great longing to share his memories with someone. But at home it was impossible to speak of his love, and away from home—there was no one. Impossible to talk of her to the other people in the house and the men at the bank. And talk of what? Had he loved then? Was there anything fine, romantic, or elevating or

и никто не догадывался, в чем дело, и только жена шевелила сваими темными бровями и говорила:

—Тебе, Димитрий, совсем не идет роль фата.

Однажды ночью, выходя из докторского клуба со своим партнером, чиновником, он не удержался и сказал:

—Если б вы знали, с какой очаровательной женщиной я познакомился в Ялте!

Чиновник сел в сани и поехол, но вдруг обернулся и окликнул:

—Дмитрий Дмитрич!

—Что?

—А давеча лы были правы: осетрина-то с душком!

Эти слова, такие обычные, почему-то вдруг возмутили Гурова, показались ему унизительными, нечистыми. Какие дикие нравы, какие лица! Что за бестолковые ночи, какие неинтересные, незаметные дни! Неистовая игра в карты, обжоство, пьянство, постоянные разговоры все об одном. Ненужные дела и разговоры все об одном отхватывают на свою долю лучшую часть времени, лучшие силы, и в конце концов остается какая-то куцая, бескрылая жизнь,

even interesting in his relations with Anna Sergeyevna? And he would speak vaguely of love, of women, and nobody guessed what was the matter, and only his wife would raise her dark eyebrows and say:

"Demitri, the rôle of coxcomb does not suit you at all."

One night, as he was coming out of the club with his partner, an official, he could not help saying:

"If only I could tell what a fascinating woman I met at Yalta."

The official seated himself in his sledge and drove off, but suddenly called:

"Dimitri Dimitrich!"

"Yes."

"You were right. The sturgeon was tainted."

These banal words suddenly roused Gomov's indignation. They seemed to him degrading and impure. What barbarous customs and people!

What preposterous nights, what dull, empty days! Furious card-playing, gourmandising, drinking, endless conversations about the same things, futile activities and conversations taking up the best part of the day and all the best of man's forces, leaving only a stunted, wingless life, just rubbish; and to go away and escape was

какая-то чепуха, и уйти и бежать нельзя, точно сидишь в сумасшедшем доме или в рестантских ротах!

Гуров не спал всю ночь и возмущался, и затем весь день провел с головной болью. И в следующие ночи он спал дурно, все сидел в постели и думал, или ходил из угла в угол. Дети ему надоели, банк надоел, не хотелось никуда итти, ни о чем говорить.

В декабре на праздниках он собрался в дорогу и вказал жене, что уезжает в Петербург, хлопотать за одного молодого человека—и уехол в С. Зочем? Он и сам не знал хорошо. Ему хотелось повидаться с Анной Сергеевной и поговорить, устроить свидание, если можно.

Приехал он в С. утром и занял в гостинице лучший номер, где весь пол был обтянут серым солдатским сукном и была на столе чернильнича, серая от пыли, со всадником на лошади, у которого была поднята рука со шляпой, а голова отбита. Швейцар дал ему нужные сведения: Фон Дидериц жевет на Старо-Гончарной улице, в сабственном доме—это недалеко от гостиницы, живет хорошо, богато, имеет своих лошадей, его все знают в городе. Швейцар выговоривал так: Дрыдыриц.

impossible—one might as well be in a lunatic asylum or in prison with hard labor.

Gomov did not sleep that night, but lay burning with indignation, and then all next day he had a headache. And the following night he slept badly, sitting up in bed and thinking, or pacing from corner to corner of his room. His children bored him, the bank bored him, and he had no desire to go out or speak to any one.

In December when the holidays came he prepared to go on a journey, told his wife he was going to Petersburg to present a petition for a young friend of his, and went to S—. Why? He did not know. He wanted to see Anna Sergeyevna, to talk to her, and if possible to arrange an assignation.

He arrived at S— in the morning and occupied the best room in the hotel where the whole floor was covered with a grey canvas and on the table stood an inkstand grey with dust, adorned with a horseman on a headless horse holding a net in his raised hand. The porter gave him the necessary information: von Didenitz, Old Goncharna Street, his own house—not far from the hotel, lives well, has his own horses, everyone knows him.

Гуров не спеша пошел на Старо-Гончарную, отыскал дом. Как раз против дома тянулся забор, серый, длинный, с гвоздями.

«От такого забора убежишь»,—думал Гуров, поглядывая то на окна, то на забор.

Он соображал: сегодня день неприсутственный, и муж, вероятно, дома. Да и все равно, было бы бестактно войти в дом и смутить. Если же послать записку, то она, пожалуй, попадет в руки мужу, и тогда все можно испортить. Лучше всего положиться на случай. И он все ходил по улице и около забора и поджидал этого всучая. Он видел, как в ворота вошел нищий и на него напали собаки, потом, час спустя, слышал игру на рояле, и звуки доносились слабые, неясные. Должно быть, Анна Сергеевна играла. Парадная дверь вдруг отворилась, и из нее вышла какая-то старушка, а за нею бежал знакомый белый шпиц. Гуров хотел позвать собаку, но у него вдруг забилось сердце, и он от волнения не мог вспомнить, как зовут шпица.

Он ходил и все больше и больше ненавидел серый забор и уже думал с раздрожением, что Анна Сергеевна забыла о нем и, быть может, уже развлекастся с другим, и это так

Gomov walked slowly to Old Goncharna Street and found the house. In front of it was a long, grey fence spiked with nails.

"No getting over a fence like that," thought Gomov, glancing from the windows to the fence.

He thought: "Today is a holiday and her husband is probably at home. Besides it would be tactless to call and upset her. If he sent a note then it might fall into her husband's hands and spoil everything. It would be better to wait for an opportunity." And he kept on walking up and down the street and round the fence, waiting for his opportunity. He saw a beggar go in at the gate and the dogs attack him. He heard a piano and the sounds came faintly to his ears. It must be Anna Sergeyevna playing. The door suddenly opened and out of it came an old woman, and after her ran the familiar white Pomeranian. Gomov wanted to call the dog, but his heart suddenly began to thump and in his agitation he could not remember the dog's name.

He walked on, and more and more he hated the grey fence and thought with a gust of irritation that Anna Sergeyevna had already forgotten him, and was perhaps already amusing herself with someone else, as would be only natural in a young woman forced from morning to night to behold the

естественно в положении молодой женщины, которая вынуждена с утра до вечера видеть этот проклятый забор. Он вернулся к себе в номер и долго сидел на диване, не зная, что делать, потом обедал, потом долго спал.

«Как все это глупо и беспокойно,—думал он, проснувшись и глядя на темные окна: был уже вечер.—Вот и выспался зачем-то. Что же я теперь ночью буду делать?»

Он сидел на постели, покрытой дешевым серым, точно больнечным, одеялом, и дразнил себя с досадой:

«Вот тебе и дама с собачкой.... Вот тебе и приключение.... Вот и сиди тут».

Еще утром, на вокзале, ему бросилась в глаза афиша с очень крупными буквами: шла в первый раз «Гейша». Он вспомнил об этом и поехал в театр.

«Очень возможно, что она бывает на первых представлениях,—думал он.

Театр был полон. И тут, как вообще во всех губернских театрах, был туман повыше люстры, шумно беспокоилась галерка; в первом ряду перед началом представления стояли местные франты, заложив руки назад; и тут, в губернаторской ложе, на первом месте сидела губернаторская дочь в боа, а сам губернатор

accursed fence. He returned to his room and sat
for a long time on the sofa not knowing what to
do. Then he dined and afterwards slept for a long
while.

"How idiotic and tiresome it all is," he thought
as he awoke and saw the dark windows for it was
evening. "I've had sleep enough, and what shall I
do tonight?"

He sat on his bed which was covered with a
cheap, grey blanket, exactly like those used in a
hospital, and tormented himself.

"So much for the lady with the toy dog.... So
much for the great adventure.... Here you sit."

However, in the morning, at the station, his eye
had been caught by a poster with large letters:
"First Performance of 'The Geisha.'" He remem-
bered that and went to the theatre.

"It is quite possible she will go to the first
performance," he thought.

The theatre was full and, as usual in all
provincial theaters, there was a thick mist above
the lights and the gallery was noisily restless; in
the first row before the opening of the performance
stood the local dandies with their hands behind
their backs, and there in the governor's box, in
front, sat the governor's daughter, and the
governor himself sat modestly behind the curtain

скромно прятался за портьерой, и видны были только его руки; качался занавес, оркестр долго настраивался. Все время, пока публика входила и занимала места, Гуров жадно искал глазами.

Вошла и Анна Сергеевна. Она села в третьем ряду, и когда Гуров взглянул на нее, то сердце у него сжалось, и он ронял ясно, что для него теперь на всем свете нет ближе, дороже и важнее человека; она, затерявшаяся в провинциальной толпе, эта маленькая женщина, ничем не замечательная, с вульгарною лорнеткой в руках, натолняла теперь всю его жизнь, была его горем, радостью, единственным счастьем, какого он теперь желал для себя; и под звуки плохого оркестра, дрянных обывательских скрипок он думал о том, как она хороша. Думал и мечтал.

Вместе с Анной Сергеевной вошел и сел рядом молодой человек с небольшими бакенами, очень высокий, сутулый; он при каждом шаге покачивал головой и, казалось, постоянно кланялся. Вероятно, это был муж, которого она тогда в Ялте, в порыве горького чувства, обозвала лакеем. И в самом деле, в его длинной фигуре, в бакенах, в небольшой лысине было что-то лакейски-скромное, улыбался он сладко, и в петлице у него блестел

and only his hands were visible.   The curtain quivered, the orchestra tuned up for a long time, and while the audience was coming in and taking their seats, Gomov gazed eagerly round.

At last Anna Sergeyevna came in. She took her seat in the third row, and when Gomov glanced at her his heart ached and he knew that for him there was no one in the whole world nearer, dearer, and more important than she; she was lost in this provincial rabble, the little undistinguished woman, with a common lorgnette in her hands, yet she filled his whole life. She was his grief, his joy, his only happiness, and he longed for her, and through the noise of the bad orchestra with its tenth-rate fiddles, he thought how dear she was to him. He thought and dreamed.

With Anna Sergeyevna there came in a young man with short side-whiskers, very tall, stopping, and who with every movement shook and bowed continually. Probably he was the husband whom in a bitter mood at Yalta she had called a lackey. And indeed, in his long figure, his side-whiskers, the little bald patch on the top of his head, there was something of the lackey; he had a modest sugary smile and in his buttonhole he wore a University badge exactly like a lackey's number.

какой-то ученый значок, точно лакейский номмер.

В первом антракте муж ушел курить, она осталась в кресле. Гуров, сидевший тоже в партре, подошел к ней и сазал дрожащим голосом, улыбаясь насильно:

—Здравствуйте.

Она взглянула на него и побледнела, потом еще раз взглянула с ужасом, не веря глазам, и крепко сжала в руках вместе веер и лорнетку, очевидно, борясь с собой, чтобы не упасть в обморок. Оба молчали. Она сидела, он стоял, испуганный ее смущением, не решаясь сесть рядом. Запели настраиваемые скрипки и флейта, стало вдруг страшно, казалось, что из всех лож смотрят. Но вот она встала и быстро пошла к выходу; он—за ней, и оба шли бестолково, по коридорам, по лестнецам, то поднимоясь, то спускаясь, и мелькали у них перед глазами какие-то люди в судейских, учительских и удельных мундирах, и все со значками; мелькали дамы, шубы на вешалках, дул сквозной ветер, оставая запахом табачных окурков. И Гуров, у которого сильно билось сердце, думал:

«О, господи! И к чему эти люди, этот оркестр....»

In the first entr'acte the husband went out to smoke and she was left alone. Gomov, who was also in the pit, came up to her and said in a trembling voice with a forced smile:

"How do you do?"

She looked up at him and went pale. Then she glanced at him again in terror, not believing her eyes, clasped her fan and lorgnette tightly together, apparently struggling to keep herself from fainting. Both were silent. She sat and he stood, frightened by her emotion, not daring to sit down beside her. The fiddles and flutes began to play and suddenly it seemed to them as though all the people in the boxes were looking at them. She got up and walked quickly to the exit. He followed, and both walked absently along the corridors, down the stairs, up the stairs, with the crowd shifting and shimmering before their eyes; all kinds of uniforms, judges, teachers, crown-estates, and all with badges; ladies shone and shimmered before them, like fur coats on moving rows of clothspegs, and there was a draught howling through the place laden with the smell of tobacco and cigar butts. And Gomov, whose heart was thudding wildly, thought:

"Oh, Lord! Why all these men and that beastly orchestra?"

И в эту минуту он вдруг вспомнил, как тогда вечером на станции, проводив Анну Сергеевну, говорил себе, что все кончилось и они уже никогда не увидятся. Но как еще далеко было до конца!

На узкой, мрачной лестнице, где было написано «ход в амфитеатр», она остановилась.

—Как вы меня испугали!—сказала она, тяжело дыша, все еще бледная, ошеломленная.—О, как вы меня испугали! Я едва жива. Зачем вы приехоли? Зачем?

—Но поймите, Анна, поймите…проговорил он вполголоса, торопясь.—Умоляю вас, поймите….

Она глядела на него со страхом, с мольбой, с любовью, глядела пристально, чтобы покрепче задержать в памяти его черты.

—Я так страдаю!—продолжала она, не слушая его.—Я все време думала только о вас, я жила мыслями о вас. И мне хотелось забыть, забыть, но зачем, зачем вы приехали?

Повыше, на площадке, два гимназиста курили и смотрели вниз, но Гурову было все равно, он привлек к себе Анну Сергеевну и стал целовать ее лица, щеки, руки.

—Что вы делаете, что вы делаете!—говорила она в ужасе, отстраняя его от себя.—Мы с вами

At that very moment he remembered how when he had seen Anna Sergeyevna off that evening at the station he had said to himself that everything was over between them, and they would never meet again. And now how far off they were from the end!

On a narrow, dark staircase over which was written: "This Way to the Amphitheatre" she stopped:

"How you frightened me!" she said, breathing heavily, still pale and apparently stupefied. "Oh! how you frightened me! I am nearly dead. Why did you come? Why?"

"Understand me, Anna," he whispered quickly. "I implore you to understand...."

She looked at him fearfully, in entreaty, with love in her eyes, gazing fixedly to gather up in her memory every one of his features.

"I suffer so!" she went on, not listening to him. "All the time, I thought only of you. I lived with thoughts of you.... And I wanted to forget, to forget, but why, why did you come?"

A little above them, on the landing, two schoolboys stood and smoked and looked down at them, but Gomov did not care. He drew her to him and began to kiss her cheeks, her hands.

обезумели. Уезжайте сегодня же, уезжайте сейчас…. Заклинаю вас всем святым, умоляю…. Сюда идут!

По лестнице снизу вверх кто-то шел

—Вы должны уходить…продолжала Анна Сергеевна шопотом.—Слышите, Дмитрий Дмитрич? Я приеду к вам в Москву. Я никогда не была счастлива, я теперь несчастна и никогда, никогда не буду счастлива, никогда! Не заставляйте же меня страдать еще больше! Клянусь, а приеду в Москву. А теперь расстанемся! Мой милый, добрый, дорогой мой, расстанемся!

Она пожала ему руку и стала быстро спускаться вниз, все оглядываясь на него, и по глазам ее было видно, что она в самом деле не была счастлива. Гуров постоял немного, прислушался, потом, когда все утихло, отыскал свою вешалку и ушел из театра.

IV

И Анна Сергеевна стала приезжать к нему в Москву. Раз в два-три месяца она уезжала из С.

"What are you doing? What are you doing?" she said in terror, thrusting him away...." We were both mad. Go away tonight. You must go away at once.... I implore you, by everything you hold sacred, I implore you.... The people are coming —"

Someone passed them on the stairs.

"You must go away," Anna Sergeyevna went on in a whisper. "Do you hear, Dimitri Dimitrich? I'll come to you in Moscow. I never was happy. Now I am unhappy and I shall never, never be happy, never! Don't make me suffer even more! I swear, I'll come to Moscow. And now let us part. My dear, dearest darling, let us part!"

She pressed his hand and began to go quickly downstairs, all the while looking back at him, and in her eyes plainly showed that she was most unhappy. Gomov stood for a while, listened, then, when all was quiet he found his coat and left the theatre.

IV

And Anna Sergeyevna began to come to him in Moscow. Once every two or three months she would leave S— telling her husband that she was going to consult a specialist in women's diseases.

и говорила мужу, что едет посоветоваться с профессором насчет сваей женской болезни,—и муж верил и не верил. Приехав в Москву, она останавливалась в «Славянском Базаре» и тотчас же посылала к Гурову человека в красной шапке. Гуров ходил к ней, и никто в Москве не знал об этом.

Однажды он шел к ней таким образом в зимнее утро (посыльный был у него накануне вечером и не застал). С ним шла его дочь, которую хотелось ему проводить в гимназию, это было по дороге. Валил крупный мокрый снег.

—Теперь три градуса тепла, а между тем идет снег,—говорил Гуров дочери.—Но ведь это тепло только на поверхности земли, в верхних же слоях атмосферы совсем другая температура.

—Папа, а почему зимой не бывает грома?

Он объяснил и это. Он говорил и думал о том, что вот он идет на свидание и ни одна живая душа не знает об этом и, вероятно, никогда не будет знать, У него были две жизни: одна явная, которую видели и знали все, кому это нужно было, полная условной правды и условного обмана, похожая совершенно на жизнь его знакомых и друзей, и другая—

Her husband half believed and half disbelieved her. At Moscow she would stay at the "Slaviansky Bazaar" and send a message at once to Gomov. He would come to her, and nobody in Moscow knew.

Once as he was going to her as usual on a winter morning, he had his daughter with him, for he was taking her to school on the way. Great wet flakes of snow were falling.

"Three degrees above freezing," he said, "and still the snow is falling. But the warmth is only on the surface of the earth. In the upper strata of the atmosphere there is quite a different temperature."

"Yes, papa. Why is there no thunder in winter?"

He explained this too, and as he spoke he thought of his assignation, and that not a living soul knew of it, or ever would know. He had two lives; one obvious, which everyone could see and know if they were sufficiently interested, a life full of conventional truth and conventional fraud, exactly like the lives of his friends and acquaintances; and another, which moved underground. And by a strange conspiracy of circumstances, everything that was to him important, interesting, vital, everything that

протекавшая тайно. И по какому-то странному стечению обстоятельств, быть может случайному, все, что было для него важно, интересно, необходимо, в чем он был искренен и не обманывал себя, что составляло зерно его жизни, происходило тайно от других, все же, что было его ложью, его оболочкой, в которую он прятался, чтобы скрыть правду, как, например, его служба в банке, споры в клубе, его «низшая раса», хождение с женой на юбилеи—все это было явно. И по себе он судил о других, не верил тому, что видел, и всегда предполагал, что у кождого человека под покровом тайни, как под покровом ночи, проходит его настоящая, самая интересная жизнь. Каждое личное существование держится на тайне, и, быть может, отчасти поэтому культурный человек так нервно хлопочет о том, чтобы уважалась личная тайна.

Проводив дочь в гимназию, Гуров отправился в «Славянский Базар». Он снял шубу внизу, поднялся наверх и тихо постучал в дверь. Анна Сергеевна, одетая в его любимое срое платье, утомленная дорогой и ожиданием, поджидала его со вчерашнего вечера; она была бледна, глядела на него и не улыбалась, и едва он вошел, как она уже припала к его груди.

enabled him to be sincere and denied self-deception and was the very core of his being, must dwell hidden away from others, and everything that made him false, a mere shape in which he hid himself in order to conceal the truth, as for instance his work in the bank, arguments at the club, his favorite gibe about women, going to parties with his wife—all this was open. And, judging others by himself, he did not believe the things he saw, and assumed that everybody else also had his real vital life passing under a veil of mystery as under the cover of the night. Every man's intimate existence is kept mysterious, and perhaps in part because of that civilized people are so nervously anxious that a personal secret should be respected.

When he had left his daughter at school, Gomov went to the "Slaviansky Bazaar." He took off his fur coat downstairs, went up and knocked quietly at the door. Anna Sergeyevna, wearing his favorite grey dress, tired by the journey, had been expecting him to come all night. She was pale, looked at him without a smile, and flung herself on his breast as soon as he entered. Their kiss was long and lingering as though they had not seen each other for a couple of years.

Точно они не виделись года два, поцелуй их был долгий, длительнчй.

—Ну, как живешь там?—спросил он.—Что нового?

—Погоди, сейчас скажу.... Не могу.

Она не могла говорить, так как плакала. Отвернулась от него и прижала платок к глазам.

«Ну, пускай поплачет, а я пока посижу»,—подумал он и сел в кресло.

Потом он позвонил и сказал, чтобы ему принесли чаю; и потом, когда пил чай, она все стояла, отвернувшись к окну.... Она плакала от волнения, от скорбного сознания, что их жизнь так печально сложилась; они видятся только тайно, скрываются от людей, как воры! Разве жизнь их не разбита?

—Ну, перестань!—сказал он.

Для него было очевидно, что эта их любовь кончится еще нескоро, неизвестно когда. Анна Сергеевна привязывалась к нему все сильнее, обожала его, и было бы немыслимо сказать ей, что все это должно же иметь когда-нибудь конец; да она бы и не поверила этому.

Он подошел к ней и взял ее за плечи, чтобы приласкать, пошутить, и в это время увидел себя в зеркале.

"Well, how are you getting on down there?" he asked. "What is your news?"

"Wait. I'll tell you presently.... I cannot."

She could not speak, for she was weeping. She turned her face from him and dried her eyes.

"Well, let her cry a bit... I'll wait," he thought, and sat down.

Then he rang, ordered tea, and, as he drank it, she stood and gazed out of the window.... She was weeping in distress, in the bitter knowledge that their life had fallen out so sadly; only seeing each other in secret, hiding themselves away like thieves! Was not their life crushed?

"Don't cry... Don't cry," he said.

It was clear to him that their love was yet far from its end, which could not be seen. Anna Sergeyevna was more and more passionately attached to him; she adored him and it was inconceivable that he should tell her that their love must someday end; she would not believe it.

He came up to her and patted her shoulder fondly and at that moment he saw himself in the mirror.

His hair was already going grey. And it seemed strange to him that in the last few years he should have got so old and ugly. Her shoulders were warm and trembled to his touch. He was

Голова его уже начинала седеть. И ему показалось странным, что он так постарел за последние годы, так подурнел. Плечи, на которых лежали его руки, были теплы и вздрагивали. Он почувствовал сострадание к этой жизни, еще такой теплой и красивой, но, вероятно, уже близкой к тому, чтобы начать блекнуть и вянуть, как его жизнь. За что она его любит так? Он всегда казался женщинам не тем, кем был, и любили они в нем не его самого, а человека, которого создавало их воображение и которого они в всоей жизни жадно искали; и потом, когда замечали свою ошибку, то все-таки любили. И ни одна из них не была с ним счастлива. Время шло, он знакомился, сходился, расставолся, но ни разу не любил; было все, что угодно, но только не любовь.

И только теперь, когда у него голова стала седой, он полюбил, как следует, по-ностоящему—первый раз в жизни.

Анна Сергеевна и он любили друг друга, как очень близкие, родные люди, как муж и жена, как нежные друзья; им казалось, что сама судьба предназначила их друг для друга, и было непонятно, для чего он женат, а она замужем; и точно это были две перелетиче птицы, самец и самка, которых поймали и заставили жить в

suddenly filled with pity for her life, still so warm and beautiful, but probably beginning to fade and wither, like his own. Why should she love him so much? He always seemed to women not what he really was, and they loved in him, not himself, but the creature of their imagination, the thing they hankered for in life, and when they discovered their mistake, still they loved him. And not one of them was happy with him. Time passed, he met women and was friends with them, went further and parted, but never once did he love; there was everything but love.

And now at last when his hair was grey he had fallen in love—real love—for the first time in his life.

Anna Sergeyevna and he loved one another, like kindred, like husband and wife, like devoted friends. It seemed to them that Fate had destined them for one another, and it was inconceivable that he should have a wife, she a husband; they were like two birds of passage, a male and a female, caught and forced to live in separate cages. They had forgiven each other all the past of which they were ashamed; they forgave everything in the present, and felt that their love had changed both of them.

отдельных клетках. Они простили друг другу то, чего стыдились в своем прошлом, прощали все в настоящем и чувствовали, что эта их любовь изменила их обоих.

Прежде в грустные минуты он успокаивал себя всякими рассуждениями, какие только приходили ему в голову, теперь же ему было не до рассуждений, он чувствовал глубокое сострадание, хотелось быть искренним, нежным....

—Перестань, моя хорошая,—говорил он.— Поплакала—и будет.... Теперь давай поговорим, что-нибудь придумаем.

Потом они долго советовались, говорили о том, как избавить себя от необходимости прятаться, обманывать, жить в разных городах, не видеться подолгу. Как освободиться от этих невыносимых пут?

—Как? Как?—спрашивал он, хватая себя за колову.—Как?

И казалось, что еще немного—и решение будет найдено, и тогда начнется новая, прекрасная жизнь; и обоим было ясно, что до конца еще далеко-далеко и что самое сложное и трудное только еще начинается.

Formerly, when he felt a melancholy compunction, he used to comfort himself with all kinds of arguments, just as they happened to cross his mind, but now he was far removed from any such ideas; he was filled with a profound pity, and he desired to be tender and sincere....

"Don't cry, my darling," he said. "You have cried enough.... Now let us talk and see if we can't find some way out."

Then they talked it all over and tried to discover some means of avoiding the necessity for concealment and deception, and the torment of living in different towns, and of not seeing each other for a long time. How could they shake off these intolerable fetters?

"How? How?" he asked, holding his head in his hands. "How?"

And it seemed that but a little while and the solution would be found and there would begin a lovely new life; and to both of them it was clear that the end was still very far off, that their hardest and most difficult period was only just beginning.

Bilingual Love Stories
from Hippocrene. . .

Treasury of Classic French Love Short Stories
in French and English
Edited by Lisa Neal
This beautiful gift volume includes six classic French love stories from
Marie de France, Marguerite de Navarre, Madame de Lafayette, and
Guy de Maupassant and others.
159 pages • 5 x 7
0-7818-0511-2 • $11.95hc • (621)

Treasury of Classic Spanish Love Short Stories
in Spanish and English
Edited by Bonnie May
A lovely gift volume including five classic tales of love from Cervantes,
Miguel de Unamuno, Jorge de Montemayor and Gustavo Adolfo
Becquer among others.
157 pages • 5 x 7
0-7818-0512-0 • $11.95hc • (604)

Treasury of Classic Polish Love Short Stories
in Polish and English
Edited by Miroslaw Lipinski
This volume delves into Poland's rich literary tradition to bring you
classic love stories from five renowned authors. It explores love's many
romantic, joyous, as well as melancholic facets.
109 pages • 5 x 7 •
0-7818-0513-9 • $11.95hc • (603)

Also available
from Hippocrene . . .

Classic English Love Poems
Edited by Emile Capouya
A charmingly illustrated gift edition which includes 95 classic poems of
love from English writers.
130 pages • 6 x 9 • $17.50hc
0-7818-0572-4 • (671)

Classic French Love Poems
This volume contains over 25 beautiful illustrations by famous artist
Maurice Leloir and 120 inspiring poems translated into English from
French, the language of love itself.
130 pages • 6 x 9 • $17.50hc
0-7818-0573-2 • (672)

Hebrew Love Poems
Edited by David C. Gross
Includes 90 love lyrics from biblical times to modern day, with
illustrations by Shagra Weil.
91 pages • 6 x 9 • $14.95pb
0-7818-0430-2 • (473)

Irish Love Poems: Dánta Grá
Edited by Paula Redes
This striking collection includes illustrations by Peadar McDaid and poems that span four centuries up to the most modern of poets, Nuala Ni Dhomhnaill, Brendan Kennelly, and Nobel prize winner, Seamus Heaney.
146 pages • 6 x 9 • $17.50hc
0-7818-0396-9 • (70)

Scottish Love Poems: A Personal Anthology
Edited by Lady Antonia Fraser
Lady Fraser collects the loves and passions of her fellow Scots, from Burns to Aileen Campbell Nye, into a book that will find a way to touch everyone's heart.
253 pages • 5 1/2 x 8 1/4 • $14.95pb
0-7818-0406-X • (482)

Treasury of Love Quotations from Many Lands
This charmingly illustrated, one-of-a-kind gift volume contains over 500 quotations about love from over 50 countries and languages.
120 pages • 6 x 9 • $17.50hc
0-7818-0574-0 • (673)

Treasury of Love Proverbs from Many Lands
This groundbreaking multicultural anthology includes more than 600 proverbs from over 50 lands, all on the subject of love. Beautiful illustrations throughout!
146 pages • 6 x 9 • $17.50hc
0-7818-0563-5 • (698)

Bilingual Love Poetry

The newest additions to Hippocrene's bilingual series are filled with romantic imagery and philosophical musings. These beautiful gift volumes provide a glimpse into each culture's unique approach to affairs of the heart, covering such subjects as eternal love, unrequited love and the pain of parting. Readings of most selections, performed by native speakers, are available on cassette audiobook (approximate running time: 2 hours).
All books 128 pages • 5 x 7 • $11.95hc

TREASURY OF AFRICAN LOVE POEMS AND PROVERBS
Nicholas Awde, editor and translator
Selection of songs and sayings from numerous African languages, including Swahili, Yoruba, Berber, Zulu and Amharic.
0-7818-0483-3 • (611)

TREASURY OF ARABIC LOVE POEMS, QUOTATIONS AND PROVERBS
Farid Bitar, editor and translator
Selections from Adonis, Kahlil Gibran, Saï `Aql, and Fadwä Tüqän.
0-7818-0395-0 • (71)

TREASURY OF CZECH LOVE POEMS, QUOTATIONS AND PROVERBS
Marcela Rýdlová-Ehrlich, editor and translator
Among the 40 poets represented are Bohumil Hrabal, Milan Kundera, Jan Neruda and Nobel prize winner Jaroslav Seifert.
0-7818-0571-6 • (670)

TREASURY OF FINNISH LOVE POEMS, QUOTATIONS AND PROVERBS
Börje Vähämäki, editor and translator
Selections from Alekis Kivi, Eeva Kilpi, Johann Runeberg and Edith Södergran.
0-7818-0397-7 • (118)

TREASURY OF FRENCH LOVE POEMS, QUOTATIONS AND PROVERBS
Richard A. Branyon, editor and translator
Selections from Baudelaire, Hugo, Rimbaud and others.
0-7818-0307-1 • (344)
Audiobook: 0-7818-0359-4 • $12.95 • (580)

TREASURY OF GERMAN LOVE POEMS, QUOTATIONS AND PROVERBS
Alumut Hille, editor
Selections from Schiller, Goethe, Rilke and others.
0-7818-0296-2 • (180)
Audiobook: 0-7818-0360-8 • $12.95 • (577)

TREASURY OF HUNGARIAN LOVE POEMS, QUOTATIONS AND PROVERBS
Katherine Gyékenyesi Gatto, editor and translator
Selections from Balassi, Gyulai, Kaffka, Ady among others.
0-7818-0477-9 • (550)

TREASURY OF ITALIAN LOVE POEMS, QUOTATIONS AND PROVERBS

Richard A. Branyon, editor and translator
Selections by Dante Aligheri, Petrarch and Pugliese are included.
0-7818-0352-7 • (587)
Audiobook: 0-7818-0366-7 • $12.95 • (581)

TREASURY OF JEWISH LOVE POEMS, QUOTATIONS AND PROVERBS
in Hebrew, Yiddish and Ladino

David Gross, editor
Includes selections from Bialik and Halevi.
0-7818-0308-X • (346)
Audiobook: 0-7818-0363-2 • $12.95 • (579)

TREASURY OF POLISH LOVE POEMS, QUOTATIONS AND PROVERBS

Miroslaw Lipinski, editor and translator
Works by Krasinski, Sienkiewicz and Mickiewicz are included among
100 selections by 44 authors.
0-7818-0297-0 • (185)
Audiobook: 0-7818-0361-6 • $12.95 • (576)

TREASURY OF ROMAN LOVE POEMS, QUOTATIONS AND PROVERBS

Richard A. Branyon, editor and translator
Includes works by Cicero, Ovid and Horace.
0-7818-0309-8 • (348)

TREASURY OF RUSSIAN LOVE POEMS, QUOTATIONS AND PROVERBS
Victorya Andreyeva, editor
Includes works by Tolstoy, Chekhov and Pushkin.
0-7818-0298-9 • (591)
Audiobook: 0-7818-0364-0 • $12.95 • (586)

TREASURY OF SPANISH LOVE POEMS, QUOTATIONS AND PROVERBS
Juan and Susan Serrano, editors
Includes works by de la Vega, Calderon and Garcia Marquez.
0-7818-0358-6 • (589)
Audiobook: 0-7818-0365-9 • $12.95 • (584)

TREASURY OF UKRAINIAN LOVE POEMS, QUOTATIONS AND PROVERBS
Edited by Hélène Turkewicz-Sanko
Among the poets included are Marusia Churai, Ivan Kotliarevsky, Taras Stevchenko, Ivan Franko and Lesia Ukrainka.
0-7818-0517-1 • (650)

All prices subject to change. **TO PURCHASE HIPPOCRENE BOOKS** contact your local bookstore, call (718) 454-2366, or write to: HIPPOCRENE BOOKS, 171 Madison Avenue, New York, NY 10016. Please enclose check or money order, adding $5.00 shipping (UPS) for the first book and $.50 for each additional book.